O²a
257

HISTOIRE
DES
AMAZONES.

PRÉFACE.

UN intervalle de loisir a donné ocasion à cette Histoire des Amazones. Je n'ignorois pas que trois Ecrivains avoient déja touché le même sujet ; mais la maniere dont ils l'ont traité m'a servi de motif pour y revenir. La Dissertation de Goropius est l'ouvrage d'un Savant hérissé, plein d'idées extraordinaires & d'étimologies bizarres. On voit beaucoup plus d'ordre, de jugement & d'érudition dans celle de Monsieur Petit; mais l'une & l'autre sont latines, & par conséquent ne peuvent convenir qu'à un certain nombre de personnes. L'Ouvrage de ce savant Médecin a été traduit par un Hollandois, qui n'avoit jamais apris notre Langue que dans les Païs-Bas ; aussi n'est-il pas possible d'en soutenir la lecture.

Le Stile d'une Dissertation n'est pas du goût de tout le monde. J'y comprens même ceux qui sont en état de l'entendre. Il est infiniment plus facile d'écrire dans le genre de Dissertation que de réduire la même matiere en Histoire Fran-

PREFACE.

çoife qui plaife au commun des Lecteurs. Pour la premiere, il ne faut que quelques liaifons ou tranfitions plus ou moins naturelles, au moïen defquelles on entaffe paffages fur paffages, Grecs ou Latins, que l'Auteur tranfcrit tels qu'il les trouve dans les Originaux. On a bientôt recüeilli ces fortes de mémoires quand on connoît un peu les fources. Mais on peut les comparer aux matériaux d'un bâtiment. Il en coute pour les amaffer, & ils deviennent inutiles & embaraffans jufqu'à ce que la main de l'Ouvrier les ait mis en œuvre, & c'eft ici le plus difficile. Combien de gens ont paffé leur vie à rechercher des mémoires dont ils n'ont jamais su faire usage ni pour eux ni pour les autres?

Ces Dissertations latines sont donc d'une foible ressource pour la Société, quoique souvent elles éclaircissent des matieres très intéressantes. Une Histoire Françoise paroîtra moins savante & sera néanmoins beaucoup plus difficile. Il ne s'agit pas ici de copier plusieurs lambeaux des Anciens ; il faut les traduire avec goût, élaguer ce qu'ils ont d'inutile ou d'étranger, démêler le vrai d'avec le faux, arranger les faits véritables, refondre en un seul corps les en-

PREFACE.

droits disparates, leur donner du stile, les réduire à une narration naturelle & coulante, attacher le Lecteur par les graces & la netteté du récit. Tels sont les devoirs de l'Historien, qu'il est très-difficile de remplir à ce dégré de perfection que demanderoit la délicatesse de notre siecle. Mais on ne rejette pas tous les portraits qui ne sont point d'Apelle.

J'ai mieux aimé faire cette Histoire des Amazones plus courte, que de m'exposer à la rendre seche & ennuieuse par des recherches & des discussions critiques qui n'auroient été goutées au plus que des Savans. Le peu qu'il y en a n'embarraſſe point le fil du diſcours. Il ne paroît qu'au bas des pages, pour citer mes ſources & mes garants, en montrant que je n'ai rien dit de moi-même ſur un ſujet que bien des gens regardent comme fabuleux plûtôt par préjugé que par l'effet d'un examen ſolide & ſincere.

Cette prévention preſque générale contre la réalité des Amazones a été le premier motif qui m'a déterminé à écrire leur Hiſtoire. Soit qu'on ignore ce que toute l'Antiquité nous a tranſmis ſur leurs guerres & ſur leurs établiſſemens, ſoit qu'on le prenne

PREFACE.

pour des fictions poëtiques, on ne peut se persuader que ces illustres Guerrieres aient jamais existé dans le monde telles qu'on les dépeint, & en conséquence on s'inscrit en faux contre tout ce que les meilleurs Auteurs & les monumens les plus incontestables nous en aprennent. On devine aisément le principe qui entretient dans cette idée peu avantageuse. Mais il est injuste de juger & de mépriser tout un sexe pour des foiblesses qui sont particulieres & personnelles.

Si elles étoient générales au point de ne pouvoir jamais souffrir d'exception, il faudroit donc auſſi nier ce que nous liſons dans les Hiſtoires du moyen & du dernier âge ſur des Princeſſes qui ont gouverné des Royaumes & des Empires floriſſans avec une ſageſſe qui certainement les fait marcher de pair avec les plus grands Princes, & cela dans des circonſtances extrêmement critiques. Cette Préface eſt deſtinée à en donner quelques exemples, pour préparer à l'Hiſtoire des Amazones, & pour faire voir que ce que l'on en dit ne ſort point des bornes de la vraiſemblance.

L'Impératrice Iréne. L'Empire d'Orient étoit menacé des plus fatales révolutions quand l'Impératrice Iréne monta sur le Trône de Constantinople. Le dedans étoit cruellement agité par l'héréfie des Iconoclaftes, que deux Empereurs violens avoient établie & foutenuë avec une fureur qui n'a point d'exemple, & la crainte des fuplices affreux que l'on renouvelloit chaque jour, l'ignorance, l'efpoir d'attirer les faveurs du Prince avoient fait une infinité de prévaricateurs. Trois Patriarches Schifmatiques, & un grand nombre d'Evêques étoient devenus les plus ardens prédicateurs de l'Héréfie; nul crime n'étoit puni avec tant de rigueur que le culte convenable rendu aux Saints & à leurs

Images. Au-dehors c'étoient des Ennemis redoutables qui enlevoient les plus belles Provinces de l'Empire. Les Lombards avoient depuis peu envahi tout ce qui lui restoit en Italie ; & les Sarazins faisoient en Orient des progrès continuels; de tems en tems ils venoient insulter l'Empereur jusqu'aux portes de Constantinople.

Iréne mit la paix dans l'Eglise & la tranquillité dans l'Etat. Nous ne ferons ici qu'abréger ce que nous en avons dit dans un autre (a) Ouvrage. Après la mort de Léon Porphyrogénite, cette Princesse,

---

(a) HISTOIRE ROMAINE BYZANTINE, sous le nom de *Laurent Echard*. Tome XI.

habile dans l'art de manier les esprits & de les amener à ses fins, sut gagner l'affection des Grands. Ils la proclamerent Impératrice avec son fils Constantin, âgé de neuf ans, & la suplierent de prendre en main les rênes de l'Empire. Placée sur le Trône des Césars, elle commença par affermir son autorité, jettant les fondemens d'une domination qu'elle avoit dessein de prolonger au-delà des années de sa Régence, & de ne quitter qu'avec la vie. Elle découvrit que quelques Sénateurs pensoient aux moïens de donner la pourpre à Nicéphore frere de Léon l'Isaurien ; elle les fit fraper de verges &

PREFACE.

les exila en différentes Iles, pour dissiper leurs projets avec eux. Elle fit ordonner Prêtres deux Oncles du jeune Empereur, parce qu'on les soupçonnoit d'aspirer à la Couronne. Son objet fut de montrer un grand respect pour les Images, & de mériter de plus en plus, l'attachement du Peuple, qui soupiroit après un regne plus doux que les précédens. Elle réussit dans ce projet & dans les autres; & ses succès la firent regarder comme une Princesse digne de commander aux Romains.

Les plus cruels ennemis de l'Empire la redoutoient du fonds même de son Palais. Le

PREFACE. xiij

choix qu'elle savoit faire de ceux à qui elle confioit le commandement de ses Armées & la sagesse des ordres qu'elle leur donnoit lui assuroient toujours la victoire. Elpidius Gouverneur de Sicile fit soulever l'Ile entiere en y arrivant. Irène envoia le Général Théodore contre lui. Celui-ci battit les Rebelles, les obligea à rentrer sous l'obéissance, & leur Chef à se jetter parmi les Sarazins d'Afrique, qui le reçurent avec honneur. Ces Peuples, toujours attentifs à profiter des moindres révolutions qui arrivoient à l'Empire, étoient entrés dans les Provinces de l'Asie Mineure, où ils avoient forcé plusieurs places, & commis d'affreux ravages. Iréne fit marcher contre eux une puissante armée, qui les défit entierement, & força le Calife Mahadi, le troisiéme des Abbassides à lui demander la paix.

Elle donna à l'Impératrice la facilité de tourner ses armes contre d'autres Ennemis non moins redoutables. Les Sclavons avoient pénétré jusques dans la Thessalie & la Grece, où ils s'étoient emparés des meilleures places. Iréne leur enleva dans une campagne tous ces avantages qu'ils ne croioient jamais perdre. Elle envoia contre eux le Patrice Staurace, aussi grand Capitaine que zélé Sujet. Les ayant battus en plusieurs rencontres, il les repoussa jusques sur leurs confins, & retourna à Constantinople, chargé de leurs dépoüilles & suivi d'un grand nombre de prisonniers. Pour récompenser sa bravoure & donner un sujet d'émulation aux Officiers Généraux, l'Impératrice lui acorda tous les honneurs du triomphe.

Une suite de prospérités aussi éclatantes lui inspira de demander en mariage pour le jeune Empereur la fille de Charlemagne, qu'une multitude de victoires avoit rendu le plus grand Monarque qu'eût jamais possédé la Nation des

François. Elle espéroit par cette alliance faire rentrer dans l'Empire ce que les Lombards lui avoient enlevé en Italie. Charles accepta avec joie les propositions de l'Impératrice. Mais un retour sur ses propres intérêts la fit changer de résolution, & la détermina à marier l'Empereur à une jeune Arménienne, d'une rare beauté, mais qui n'avoit ni naissance ni esprit ; espérant qu'elle la tiendroit toujours dans le respect, la crainte & la soumission.

Quoiqu'elle parût livrée sans réserve aux affaires de l'Etat, elle n'étoit pas moins occupée de celles de la Religion. Autant il avoit fallu répandre de sang pour établir l'erreur, autant il étoit difficile de ramener tout le monde à la vérité. La plûpart des Evêques ou des Grands de l'Empire qui avoient adopté l'héréfie de Léon & de son fils Copronyme, s'étoient enfin persuadés que le culte des Images tenoit de l'Idolâtrie, ou ils avoient honte de se rétracter. Iréne prit un sage tempéramment qui ne pouvoit aigrir personne, & qui devoit ramener les esprits comme d'eux-mêmes Elle laissa à chacun la liberté de suivre sa conscience & ses lumieres sur les contestations présentes, & elle révoqua l'Edit que Copronyme avoit donné pour deffendre d'embrasser l'Etat Monastique. Elle profita des derniers sentimens de Paul Patriarche de Constantinople, qui abjura l'erreur avant sa mort ; & elle fit élire en sa place Tharasius inviolablement attaché au dogme de l'Eglise, & qui n'accepta qu'à condition qu'on assembleroit un Concile Général. La Princesse en écrivit aussi-tôt au Pape Adrien, & elle manda à tous les Evêques d'Orient de se rendre à Constantinople. Mais lorsqu'on voulut procéder à l'ouverture du Concile, des Officiers, animés par des Evêques Iconoclastes, exciterent

PREFACE. xix

les Soldats à empêcher que les Catholiques s'assemblassent. Ils entrerent dans l'Eglise l'épée à la main, menaçant de tuer le Patriarche & les Prélats Orthodoxes s'ils changeoient ce qui avoit été ordonné. Ils ne respecterent pas même la présence de l'Empereur & de l'Impératrice qui étoient aux Tribunes, ils insulterent les Gardes que l'on envoya pour les arrêter, & ils suspendirent près de huit mois la tenue du Concile. Iréne ne jugea pas à propos d'user de son autorité pour châtier les séditieux ; elle aima mieux dissimuler jusqu'à ce que leur violence fut ralentie. Voyant néanmoins que l'esprit de fureur continuoit, elle transfera le Concile à Nicée en Bithynie, où l'erreur fut proscrite par ses soins, la verité reconnuë, & la paix renduë à l'Eglise.

Nous ne dissimulerons point qu'Iréne en perdit la gloire quelques années après par les suites funestes de l'ambition à laquelle elle se livra. Mais jusqu'à ce travers fatal, qui pouvo't ne pas arriver, la sagesse, la prudence & l'activité de son régne l'avoient égalée aux Princes que nous exaltons le plus.

Le sceptre de l'Empire d'Orient tomba une seconde fois entre les mains de deux fem-

PREFACE. xxj
mes qui ne lui firent rien perdre de sa force & de sa majesté. Quoique Zoë & Théodora ne fussent pas sans défauts, elles régnerent avec noblesse, & le peuple s'aplaudit d'être sous leur domination. Pendant qu'elles partagérent les honneurs du trône on remarqua que tout se passoit au palais avec autant de décence, d'ordre & de respect, que s'il eût été ocupé par un grand Prince. La garde étoit aussi nombreuse & aussi exacte, le cortége étoit le même; on donnoit les audiences acoûtumées; la justice y étoit renduë sans aucun égard, on traitoit de même avec les Am-

bassadeurs; les Sénateurs & les Magistrats faisoient leur cour régulièrement & relevoient la majesté du trône. On ne vit ni jalousie ni rivalité entre les deux Imperatrices.

Théodora fut mariée à Constantin Monomaque, elle lui survêcut & se vit seule en possession de la couronne. Comme elle étoit alors plus que septuagénaire, on voulut lui inspirer de choisir un homme, qui revêtu de la pourpre, partageroit avec elle le poids du gouvernement. Elle trouva mauvais qu'on ne la crût plus capable de tenir encore d'une main assurée les rênes de l'Empire, & pour convaincre du contraire, elle fit au-delà de ce que ses forces lui permettoient, quoique l'esprit fournît à tout. Elle soutenoit une audience de plusieurs heures sans paroître fatiguée ; elle y recevoit les Ambassadeurs ; elle y écoutoit tous les particuliers avec attention, elle répondoit à leurs demandes, elle jugeoit avec équité les contestations qui s'élevoient parmi eux. Jamais on ne sut mieux réunir l'art de se faire craindre & celui de se faire aimer. Les Officiers Généraux étoient parfaitement soumis à ses ordres, & les troupes toûjours prêtes à lui obéïr. Les Turcs qui n'avoient point apréhendé Monomaque vainqueur des Patzinaces, n'oférent entrer fur les terres de l'Empire gouverné par une femme. Le peuple l'aimoit pour fon équité, & pour la douceur de fon gouvernement. On fouhaitoit qu'il eût commencé plûtôt, & pouvoir fe flatter qu'il dureroit long-tems. Mais la feconde année d'un régne auffi heureux fut la derniere de fa vie.

L'Angleterre, qui n'a pas jugé les femmes indignes de manier le fceptre en leur nom & par leurs propres mains, a éprouvé dans elles autant de prudence, de politique, d'habileté, de pénétration d'efprit,

prit, de force & de grandeur d'ame, qu'elle en avoit vû dans les plus grands Rois depuis le commencement de la Monarchie Anglicane. Nous ne citerons que celles qui ont régné dans les derniers siécles, & qui par conséquent sont plus connuës.

Lorsqu'une partie de la France étoit sous la domination des Anglois par les incursions & les ravages qu'ils y avoient commis, on négocia une tréve entre les deux Couronnes, & elle fût confirmée par le mariage de Marguerite d'Anjou, fille de René d'Anjou, qui portoit le titre de Roi de Sicile, & elle épousa Henri VI.

Roi d'Angleterre. La Princesse étoit niéce de la Reine de France femme de Charles VII, le Victorieux. Le Comte de Suffolck, qui ménageoit cette alliance, cherchoit une Princesse d'un mérite & d'un génie distingué, qui pût supléer à l'incapacité de Henri son époux, & il trouva ces qualités dans Marguerite d'Anjou. C'étoit un esprit vif, hardi, pénétrant, ferme & incapable de s'effraïer des opositions ni des difficultés qui pouvoient se rencontrer dans l'exécution d'un projet.

Quoique ses nôces eussent été célébrées à Tours par Procureur au mois de Novembre

1444. elle ne se rendit en Angleterre qu'au mois de May de l'année suivante. Dès qu'elle connut le caractére d'esprit du Roi, elle s'en rendit bientôt la maîtresse absoluë, & se lia très-étroitement avec le Comte de Suffolck, le Cardinal de Winchester, & l'Archevêque d'Yorck, qu'elle estima dignes de sa confiance, & propres à la soutenir contre le Duc de Glocester, qui s'étoit oposé à son mariage, & qui avoit un grand crédit dans le Roïaume, & en France, où il étoit en qualité de Régent ou Vice-Roi des païs conquis. Ce rival puissant & jaloux de la Couronne repassa en Angleterre, & suscita une faction redoutable contre la Reine. Le peuple de Londre étoit prêt à courir aux armes pour la chasser du palais & de la ville, quand le Duc fut trouvé mort dans la prison où la Reine l'avoit fait enfermer. On l'exposa pendant plusieurs jours devant les deux Chambres du Parlement, & quelques recherches que l'on fît, on ne trouva sur son corps aucune marque de violence. Mais on n'en fut pas moins persuadé que sa mort étoit l'éxécution des ordres de Marguerite & de ses Ministres. Elle perdit quelque tems après deux de ceux-ci ; le Cardinal

& le Comte de Suffolck, qui eut la tête tranchée.

La mort du Duc de Glocester héritier présomptif de la Couronne donna des espérances au Duc d'Yorck de pouvoir y parvenir, comme étant de la branche régnante. Les préventions que l'on avoit contre la Reine le déterminerent à se mettre à la tête des mécontens, dont il forma une armée, avec laquelle il se présenta aux portes de Londre, qui lui furent ouvertes après la défaite des troupes du Roi. Une espece de réconciliation qui se fit ensuite suspendit le bruit des armes, mais ne diminua rien de la haine & de l'ambition du Duc. La Reine pénétrant ses desseins s'y oposoit de toutes ses forces, autant pour ses propres interêts que pour ceux du Roi & du Prince son fils.

Après avoir manqué son coup sur la personne du Duc, qu'elle avoit voulu faire arrêter avec ses partisans, elle feignit de l'apréhender, & se retira en Ecosse. Le Duc profita de son absence pour se faire déclarer héritier de la Couronne par le Parlement & du consentement du Roi Henri. Mais lorsqu'il se croïoit assuré dans ses espérances, & qu'il commençoit à exercer l'autorité souveraine, il aprit que la

Reine étoit déja sur les frontiéres d'Angleterre avec le Prince son fils & une armée de dix-huit mille combattans, qu'elle commandoit elle-même. Il partit aussi-tôt de Londre avec quatre ou cinq mille hommes, croïant qu'il n'en falloit pas davantage pour arrêter la Princesse. Les nouvelles qu'il reçut dès les premiers jours de sa marche lui aprirent qu'il s'étoit fait illusion. Il ne vit point d'autre parti que de se renfermer dans son Château de Sandale, qui valoit une citadelle bien fortifiée. La Reine s'y rendit en diligence; & laissant la meilleure partie de son armée derriere une colline, elle alla se présenter devant les murailles de Sandale, insulter le Duc, le menacer, le défier, & lui faire honte de ce qu'un homme tel que lui, qui aspiroit à la Couronne, s'étoit laissé enfermer par une femme. Mais comme elle n'avoit point d'artillerie, elle étoit au désespoir de ne pouvoir ni attaquer la place, ni profiter de la supériorité qu'elle avoit sur lui. Le Duc, ou piqué des reproches sanglans qu'elle lui faisoit chaque jour, ou manquant de vivres dans son Château, eut l'imprudence d'en sortir & de risquer le sort d'une bataille avec le peu de troupes qu'il avoit. Elles furent entiérement défaites, & lui-même périt les armes à la main. Un Officier aïant trouvé son corps parmi les morts lui coupa la tête & la porta à la Princesse, qui la fit exposer au haut d'une lance sur les murailles d'Yorck.

Le Comte de la Marche, fils du Duc, étoit alors dans la Province de Galles à la tête de vingt mille hommes, qu'il se préparoit de mener au secours de son pere. Quand il aprit sa mort, il résolut de la venger aux dépens de sa vie. Sachant que la Reine s'avançoit du côté de Londre à grandes journées, il s'y rendit avant elle, il s'en fit ouvrir les portes, & indispofa tellement l'esprit du peuple contre la Princesse, qu'il le fit déclarer hautement contr'elle. Il convoqua le grand Conseil, composé de tous les Evêques, Seigneurs Laïques, Gentilshommes & Magistrats qui se trouvoient à Londre. Edouard, son frere aîné, y représenta les droits qu'il avoit à la Couronne, & personne n'osant le contredire, il en fut déclaré légitime possesseur, & le Roi Henri détrôné.

Il se retira en Ecosse avec la Reine, qui y rassembla dans peu de jours une armée de soixante mille hommes. Mais son courage, ses mouvemens

PREFACE. xxxv

& son habileté ne purent résister qu'un tems à Edouard, qui avoit toutes les forces & toutes les ressources du Roïaume. Elle tomba enfin entre ses mains & elle seroit périe dans la Tour de Londre si le Roi Loüis XI. ne l'avoit rachetée. La gloire ou l'humiliation des Princes ne sont pas les endroits par lesquels on doit juger de leurs personnes. C'est en eux-mêmes & dans les circonstances critiques qu'il faut les envisager. Sur ce principe, personne ne fut plus digne du trône que Marguerite d'Anjou, & personne ne méritoit moins les malheurs qui terminérent sa carriere.

b vj

On peut lui joindre à cet egard la célébre & infortunée Jeanne Gray, dont les sentimens sont uniques dans l'Histoire de son tems. Elle étoit petite fille de Marie sœur de Henri VIII, Roi d'Angleterre, & fille de Henri Gray Duc de Suffolck, qui pour son malheur la firent instruire suivant les dogmes de la Religion Prétenduë réformée. Edouard VI fortement ataché aux mêmes erreurs, aima mieux frustrer injustement ses deux sœurs Marie & Elizabeth du droit qu'elles avoient à la Couronne, que de prendre part à leur élévation, parce qu'elles étoient Catholiques. Il-leur préféra

PREFACE. xxxvij

Jeanne Gray, qui étoit en quelque sorte étrangére au sang roïal. Se sentant attaqué de la maladie dont il mourut, & ne laissant point d'enfans mâles, il la déclara héritiere du Sceptre, & ce transport fut ratifié par le conseil de la Nation. Le Duc de Northumberland, conducteur de cette affaire, fit en même tems épouser son fils par la Princesse, qui n'avoit alors que quinze à seize ans, mais déja douée des talens, des lumieres & des sentimens qui supofent l'âge parfait.

Deux jours après le décès d'Edouard, le Duc de Northumberland fit proclamer sa

Bru Reine d'Angleterre, suivant le Testament du Roi ; & elle reçut le serment de fidélité du Conseil, des Magistrats & du peuple de Londre. Mais soit que la conscience de cette jeune Princesse fût agitée de remords, soit qu'elle eût un secret pressentiment de son malheur, elle n'accepta cette dignité qu'avec des répugnances infinies & manifestes.

Marie, héritiere légitime de la Couronne, étoit à Hunsdon à vingt milles de Londre quand elle aprit la mort de son frere qu'on avoit voulu lui tenir cachée. Après avoir mis sa personne en sureté contre les entreprises du Duc, elle se fit proclamer Reine en differens endroits de l'Angleterre. Elle eut la satisfaction de voir les peuples s'y porter avec joie, & les Grands défendre ouvertement sa cause.

Le pere de Jeanne abandonné de tout le monde, s'abandonna aussi lui-même. Il alla dans l'apartement de sa fille, pour l'exhorter à se départir de la Roïauté, & à rentrer dans son premier état. Jeanne l'écouta sans changer de visage, & lui dit : » Je suis plus flat-
» tée de cette proposition que
» je ne le fus lorsque, malgré
» moi & par vos menaces, il
» me fallut accepter cette di-
» gnité. Je fis une grande fau-

» te, & il m'en couta beaucoup
» pour vous obéïr & pour me
» conformer aux idées de ma
» mere; mais à présent je suis les
» mouvemens naturels de mon
» cœur. C'est satisfaire mon in-
» clination que de m'obliger à
» quitter le trône, & à réparer
» la faute d'autrui, s'il est vrai
» qu'elle soit réparable par l'a-
» veu que j'en fais, & par ma
» seule abdication. « Après
avoir parlé ainsi, elle rentra
dans son cabinet, plus inquiéte du danger de sa vie, que
touchée de la perte de sa couronne.

Ceux qui atendoient de son
regne les honneurs & la fortune ne s'en détachérent pas si

PREFACE. xlj

aisément. Plusieurs cabalérent entr'eux pour la soutenir dans son état. Marie fut instruite de la conjuration qu'ils avoient formée ; elle fit arrêter les principaux, & les condamna à perdre la tête. Cette exécution s'étendit à plus de quatre-vingt personnes. Quoique les dispositions de Jeanne dussent la mettre à couvert d'une destinée aussi cruelle, Marie jugea à propos de s'en défaire pour éteindre jusqu'aux prétextes des troubles & de la révolte. Après avoir porté contr'elle le même arrêt de mort que ses défenseurs avoient déja subi, elle lui envoïa un Théologien, pour lui persuader de mourir Catholique, & d'embrasser la véritable Religion. Jeanne répondit qu'elle n'avoit pas assez de tems pour disputer sur des questions de Théologie, & qu'elle croïoit plus convenable d'emploïer les momens qui lui restoient à demander à Dieu la grace d'une mort chrétienne. Le Théologien crut que Jeanne n'avoit parlé ainsi que pour avoir ocasion de prolonger sa vie ; il alla trouver la Reine, & obtint que son suplice seroit différé de trois jours. Il retourna en avertir Jeanne, il l'exhorta à l'entendre, & à profiter de ce délai pour entrer dans les sentimens que l'Eglise universelle pro-

PREFACE. xliij

feſſoit. Elle lui répondit : " Je
" ne vous avois pas tenu ce
" diſcours pour le raporter à la
" Reine, ni pour vous faire
" croire que j'étois atachée à
" la vie. Depuis que vous m'a-
" vez quitté, j'en ai conçû un
" ſi grand dégoût, qu'unique-
" ment ocupée des biens éter-
" nels, je ne penſe plus qu'à
" la mort ; & puiſque c'eſt la
" volonté de la Reine, je m'y
" ſoumets volontiers.

Avant que d'être conduite
au ſuplice, Gilfort ſon mari
obtint la permiſſion de lui faire ſes derniers adieux. Mais
Jeanne refuſa de le voir, & lui
fit dire qu'une pareille entrevûë étoit plus propre à entre-

tenir la douleur qu'à donner de la consolation. Elle ajoûta que dans peu elle seroit réunie à lui par des liens plus étroits, & qu'ils auroient la joie de se voir dans un état plus heureux. Lorsqu'elle sortoit de la Tour, le Gouverneur la pria de lui laisser quelque chose qui pût le faire ressouvenir d'elle. Pour le contenter, elle demanda des tablettes, & écrivit en Grec, en Latin & en Anglois (car elle possédoit ces trois Langues) trois courtes réfléxions qui montroient son innocence. Quoiqu'elle avoûât que son crime méritoit la mort, elle marquoit cependant que son ignorance auroit pu lui

PRÉFACE. xlv

servir d'excuse devant les hommes, sans que les loix en eussent été violées. En allant à la place où l'échafaud étoit dressé, elle saluoit avec un visage tranquille ceux de sa connoissance qu'elle rencontroit sur le chemin, & se recommandoit à leurs prieres, sans quitter le Théologien, qu'elle tenoit par la main. Lorsqu'elle fut arrivée, elle l'embrassa avec politesse & modestie, & lui dit :
» Je prie le Seigneur de récom-
» penser par ses graces la bonté
» que vous m'avez témoignée.
» Je vous avouë qu'elle m'a été
» plus sensible que les horreurs
» de la mort, qui m'a toûjours
» été présente depuis qu'on

» me l'a annoncée. « Se tournant ensuite vers les assistans, elle leur exposa tout ce qui s'étoit passé à son sujet. » Je ne » suis pas coupable, leur dit-» elle, d'avoir aspiré à la Cou-» ronne, mon crime est de ne » l'avoir pas refusée avec assez » de constance quand on me » l'a offerte. Je servirai d'exem-» ple à la postérité que l'inno-» cence même ne peut justifier » les actions contraires à l'E-» tat, & qu'on est criminel » quand on se prête à l'ambi-» tion & aux desirs déréglés » des autres, quoique malgré » soi.

Elle implora ensuite la miséricorde du Seigneur, & s'étant décoëffée avec le secours de ses femmes, elle dénoüa elle-même ses cheveux, s'en couvrit le visage, & baissa la tête sous le tranchant du bourreau. Telle fut la destinée de Jeanne Gray, illustre par sa haute naissance, plus illustre encore par sa grande ame. Pour satisfaire l'ambition d'un beau-pere & d'une mere impérieuse, elle prit le fatal nom de Reine, qui ne lui fit faire qu'un pas du trône à l'échafaud, où elle expia le crime d'autrui. Le seul qu'on puisse lui reprocher fut un trop grand atachement aux erreurs qu'elle avoit eu le malheur de succer avec le lait. Mais ce défaut n'empêche pas de dire qu'on ne voit point d'hommes, même dans la maturité de l'âge, montrer plus de sentiment, de justice, de force & d'intrépidité que cette Princesse infortunée en fit paroître à seize ans. Le Roïaume en pouvoit atendre autant que des plus grands Princes, soit pour les siences, soit pour la gloire de l'Etat, si elle avoit joui paisiblement de la Couronne.

Il est difficile d'excuser la conduite de Marie pour s'en assurer la possession, & pour détruire l'erreur qui s'étoit introduite en Angleterre sous le regne de Henri son pere. Néanmoins à l'envisager du côté de la politique, ses ennemis les plus

plus déclarés sont obligés de reconnoître en elle une fermeté, une étenduë & une supériorité de génie qui auroient brillé sur le trône d'Angleterre dans toute autre circonstance.

Mais toutes ces belles qualités disparoissent quand on les met à côté de celles d'Elizabeth sa sœur qui lui succeda. Ce ne seroit pas lui rendre assez de justice de dire que jamais femme n'a régné avec plus de gloire; on doit ajoûter qu'il y a peu de grands Monarques dont le régne puisse entrer en paralelle avec le sien. On l'a regardé comme le plus bel endroit de l'Histoire d'Angleter-

PREFACE.

re & l'Ecole où se sont formés les plus habiles Ministres & les plus grands hommes d'Etat. L'idée que l'on en doit prendre est celle d'une Princesse uniquement ocupée de sa gloire & de la tranquillité de son Roïaume ; & qui, pour parvenir à l'un & l'autre de ces deux objets, joua les hommes & la religion, sacrifiant tout aux maximes de la plus hardie politique.

Elizabeth étoit le fruit des amours de Henri VIII. & d'Anne de Boulen. Marie, sa sœur de pere, l'aïant soupçonnée d'être complice de la conjuration que plusieurs Grands du Roïaume avoient formée contr'elle, étoit résoluë de lui

PREFACE.

faire perdre la tête, & l'arrêt auroit été executé, si Philippe, Roi, & époux de Marie ne s'y étoit oposé. Elle se consola dans sa prison par la lecture, l'étude des Langues & des belles Lettres. Elle savoit presqu'également le Latin, l'Allemand, l'Anglois, le François & l'Italien. La facilité qu'elle avoit pour toutes les siences lui faisoit trouver des délices dans l'étude des plus difficiles. Elle aimoit particuliérement la Musique & la Poësie, & elle lisoit avec un plaisir toûjours nouveau les vers de Ronsard qu'elle avoit vû en Angleterre lorsqu'il y passa à son retour d'Ecosse.

PREFACE.

Philippe étant retourné en Espagne après la mort de Marie, elle monta sur le trône à l'âge de vingt-cinq ans, & elle parut consommée dans les affaires dès le moment qu'elle commença à en prendre connoissance. On vit en elle un esprit mur & instruit par l'adversité, une jeune Princesse qui voulut se gouverner par elle-même, qui écoutoit les conseils de tout le monde & ne se laissoit conduire par personne; sachant allier la modération avec une fermeté inviolable; sévére pour la Noblesse féroce & boüillante, & pleine de douceur pour le peuple; se faisant craindre & respecter,

& gagnant le cœur du reste de la Nation. L'égalité d'ame & de maximes qui parut dans toute sa conduite, produisit ce bonheur égal & constant qui l'acompagna jusqu'à la mort. Quoique magnifique dans la distribution des graces, elle donnoit cependant plus au mérite qu'à son inclination ; & elle ne faisoit ses liberalités qu'avec une sage œconomie, de peur qu'épuisant les finances par ses largesses, elle ne se vît obligée de fouler ses Peuples pour subvenir aux besoins nécessaires de l'Etat. Jamais elle ne fut éblouie par l'éclat de sa prospérité ; si elle en jouit en paix, ce n'étoit pas dans une téméraire sécurité qui se livre à tous les plaisirs, mais avec une sorte d'inquiétude digne d'un Prince qui est sans cesse en garde contre les révolutions ausquelles sont sujets les Trônes les plus affermis.

Son inclination lui auroit fait préférer les douceurs du repos au bruit des armes & à la gloire des conquêtes, si ce parti avoit pû s'acommoder au caractere de ses Sujets. Mais ayant à gouverner des Peuples inquiets & belliqueux, que l'oisiveté rend mutins & remuans, elle ne perdit aucune ocasion de les ocuper hors de son Royaume. Elle envoya des troupes auxiliaires en Ecos-

PRÉFACE.

se & dans les Païs-bas. Elle en donna à Henri IV. qu'elle aimoit comme son frere, dans des tems fâcheux où il avoit besoin de son secours. Ce fut sous ses auspices qu'on entreprit ces fameux voïages aux Indes Occidentales qui eurent de si heureuses suites. Sous son regne, François Draëke fit le tour du monde, & ouvrit aux ames hardies un chemin pour aller s'emparer de ces richesses que les Espagnols vouloient posséder seuls. Philippe leur Roi, & auparavant époux de Marie, voulut s'en venger en Europe en faisant diversion sur l'Angleterre. Il se repentit de son entreprise, & fut obligé de demander la paix à Elizabeth par la médiation de Henri IV. La Nation Angloise, quoique gouvernée par une femme, ne perdit rien de la gloire qu'elle s'étoit acquise sous les Rois précédens.

De peur que la foiblesse de son sexe ne donnât du mépris pour sa personne, elle voulut se faire craindre & respecter de ses Sujets sans les maltraiter. Elle tint une Assemblée à Westminster où elle renouvella les anciennes Loix, qui assuroient l'état de sa personne & la tranquillité du Roïaume. Il y fut ordonné que quiconque offenseroit la Reine ou par des paroles ou par des actions, qui

PREFACE.

lui feroit la guerre ou engageroit les autres à la lui déclarer, qui diroit que le Royaume ne lui apartient pas comme une succession légitime, que quelqu'un y prétend à des titres plus justes, qui usurperoit la qualité de Roi, ou la donneroit à un autre, qui l'acuseroit d'être hérétique ou ennemie de la foi, & soutiendroit que les Loix, & les Statuts du Roïaume ne peuvent rien définir sur ces matieres, encourroit les peines portées par sa Majesté. On ajouta que si quelqu'un avançoit du vivant de la Reine, qu'il y a ou qu'il doit y avoir un autre héritier du Roïaume, ou un autre successeur que les enfans qui naîtroient d'elle, seroit condamné à une prison rigoureuse, & dépouillé de tous ses biens au profit de l'Etat.

Toute sa politique se réduisoit à quatre maximes capitales qu'elle ne perdit jamais de vûe. A ne pas prodiguer en dépenses ou gratifications superflues l'argent que le Parlement lui donnoit ; aussi ne lui en refusa-t-il jamais, & le Peuple païa toujours sans regret les impôts dont on le chargea. A ne distribuer les charges & les emplois qu'à gens de mérite & de vertu, reconnus pour tels. A faire rendre la justice sans partialité. Enfin à entretenir habilement les troubles qui s'éleverent en France, en Ecosse, en Espagne & dans les Païs-bas ; afin que tenant ces Puissances ocupées d'elles-mêmes ou les unes contre les autres, elles ne troublassent point le repos de son Royaume, & que si l'ocasion s'en présentoit, elle profitât de l'affoiblissement qu'auroit causé leurs divisions.

L'Angleterre étoit donc tranquille & florissante tandis que le feu des Guerres civiles ou étrangeres ravageoit toutes les parties de l'Europe. Les Princes qui y régnoient recherchoient à l'envi les uns des autres l'amitié d'Elizabeth, & tous lui proposerent des alliances.

Dès que Philippe Roi d'Espagne eut apris la mort de la Reine Marie son épouse & le couronnement d'Elizabeth, il se flatta de rentrer dans la possession de l'Angleterre en faisant demander à la nouvelle Reine de s'unir à lui par les nœuds du mariage, & se chargea d'obtenir la dispense du Pape pour cette union, qui n'étoit plus licite après avoir épousé la sœur. Elizabeth avoit de fortes raisons pour ménager l'amitié de ce Prince. Elle lui étoit redevable de la vie ; elle savoit que la France

PREFACE. lxj
sollicitoit fortement le Pape de la déclarer bâtarde, Anne de Boulen sa mere n'aïant jamais été que la maîtresse de Henri; elle n'ignoroit pas que les François vouloient faire passer la couronne d'Angleterre sur la tête de Marie Reine d'Ecosse mariée au Dauphin; elle n'avoit d'autre ressource contre ces deux Puissances que Philippe, qui seul pouvoit l'aider à deffendre son Roïaume, acablé de dettes & affoibli par la perte de plusieurs places importantes. Toutes ces considérations demandoient qu'elle donnât sa main au Roi d'Espagne. Mais Elizabeth apréhendoit d'avoir un

maître ou un égal en prenant un époux. Elle reçut obligeamment les propositions de l'Ambassadeur ; elle demanda du tems pour se déterminer, & insensiblement, sans avoir aucun mauvais procédé avec le Prince, elle le fit changer de résolution en se déclarant pour le Protestantisme.

Ce n'est pas que cette jeune Princesse fût insensible aux passions naturelles de l'humanité. Son cœur décéla plus d'une fois ce que la politique, la fierté & la Philosophie cherchoient à déguiser. Elizabeth étoit fort grande, & la nature lui avoit donné les traits & les graces de sa mere, dont la rare beauté avoit fait la fortune. Ses yeux sans cesse agités marquoient tout au moins autant de feu dans le tempéramment que de vivacité & de pénétration dans l'esprit. Les dons qu'une jeune personne a reçus de la nature, sont la premiere chose qu'elle connoît, celle qu'elle sait mieux faire valoir, qu'elle étale avec plus de complaisance, & pour laquelle elle ne manque jamais d'éxiger des hommages. L'esprit fort d'Elizabeth ne le fut point assez pour la mettre à couvert de ce foible. Elle étoit convaincue de sa beauté, & le moïen de la flater étoit d'y paroître sensible. Les Etats Généraux des Païs-bas aïant envoié à Londres une grande Ambassade des principaux de la République, un jeune Hollandois, qui étoit à la suite des Ambassadeurs, se trouva à leur premiere audience vis-à-vis de la Reine, & dit à un Seigneur Anglois qu'il n'avoit point vû de femme plus digne de faire naître des feux dans le cœur d'un galant homme, & la conversation se soutint long-tems sur le même sujet. La Reine qui avoit eu les yeux attachés sur ces deux jeunes gens plus que sur les Ambassadeurs, parce qu'elle les voïoit ocupés d'elle, fit venir l'Anglois après l'audience, & lui ordonna sous

PREFACE. lxv

peine de son indignation de lui dire de quoi le Hollandois l'avoit entretenu. Inutilement il répondit que c'étoient de pures bagatelles, & de choses absolument indifférentes dont il avoit perdu le souvenir. La Reine insistant avec menaces, il fut contraint de lui avoüer la passion que le Hollandois lui avoit témoignée pour elle. Elizabeth ne fit point paroître ce qu'elle en pensoit. Mais loin d'en être fâchée, quand les Ambassadeurs eurent pris leur audience de congé, elle leur envoïa à chacun une chaîne d'or de huit cens écus, & au jeune Hollandois, une qui valoit le double.

Le motif d'une distinction, aussi marquée qu'elle étoit flateuse, ne demeura pas inconnu. Le Parlement en prit ocasion de représenter à la Reine qu'il étoit à propos pour le bien de l'Etat qu'elle choisît un Prince, qui donnât des Successeurs légitimes à la Couronne. Elle écarta habilement la proposition, en répondant d'une maniere obligeante, que le jour de son sacre elle avoit épousé le Peuple. Cette défaite ne contenta les Anglois que pour un tems. Cinq ans après, ils lui présenterent une nouvelle Adresse pour la prier de se marier, ou de nommer son successeur, que l'on prétendoit ne pouvoir être que la Reine d'Ecoſſe, Marie Stuard, qui avoit eu un fils depuis peu. En cas de refus, le Parlement devoit pourvoir à la ſucceſſion malgré elle. Elizabeth diſſipa cet orage menaçant, par une réponſe ſi diffuſe, ſi compliquée, & ſi ambiguë que les Députés n'y comprirent rien, ſans toutefois avoir lieu de s'en plaindre, croïant au contraire que dans peu la Nation ſeroit ſatisfaite.

Au milieu de ces irréſolutions, la Maiſon d'Autriche ſe flata de la décider en lui propoſant le jeune Archiduc Charles. Elizabeth, qui ne vouloit pas ſe brouiller avec la famille

& les amis de ce Prince, parut d'abord être charmée de cette alliance. Il y eut à ce sujet des Ambassadeurs envoiés de part & d'autre, qui furent réciproquement reçus avec de grands honneurs ; & ces négociations faisoient d'autant plus de plaisir à la Reine, qu'elles la mettoient à couvert des poursuites & des instances de son Parlement. On s'aperçut néanmoins que toute sa conduite & ces difficultés n'étoient qu'une pure feinte pour tromper ceux qui pressoient le mariage. Avant qu'on lui en fît des reproches elle déclara qu'étant déterminée pour la Réforme, & l'Archiduc pour demeurer dans l'ancienne Religion, il ne leur étoit pas possible de vivre ensemble avec l'union qui doit régner entre deux époux, & qui seroit sans cesse altérée par la maniere dont l'un & l'autre exerceroit les pratiques de son culte. Elle retira ainsi les engagemens aparens qu'elle avoit pris, sans rompre l'estime & l'amitié qui étoit entr'elle & l'Empereur, dont ils continuerent à se donner des marques réciproques. C'est avec ce prétexte de Religion qu'elle eut toujours le secret d'arrêter adroitement les Princes Catholiques qui la recherchoient en mariage. Pour les Princes Protestans qui avoient la même vûe, comme ils étoient moins puiſſans & moins redoutables, elle leur faiſoit d'abord entendre qu'ils n'avoient rien à eſpérer. Ceux-ci toutefois ſe préſenterent en grand nombre. Les principaux furent le Roi de Suéde, le Duc de Holſtein, le Comte de Haran, héritier préſomptif de la Couronne d'Ecoſſe, le Comte d'Arundel, & le Chevalier Pickering. Mais aucun né paroiſſoit mieux fondé dans ſes eſpérances que Robert Dudley fils du dernier Duc de Northumberland. C'étoit le vrai favori, le canal de toutes les graces, le Mylord de la Cour par excellence, & l'on étoit perſuadé que la Reine avoit pour lui plus que de l'eſtime & de l'amitié. Cependant elle ne penſa jamais à lui donner le titre de Roi.

Le Duc d'Anjou, frere de Charles IX. Roi de France fut le dernier qui parut ſur les rangs. Catherine de Médicis ſa mere, dont l'ambition n'avoit point de bornes, le fit propoſer en mariage à Elizabeth, ſoit dans la vûe de procurer des Royaumes à tous ſes enfans, ſoit pour empêcher le mariage d'Elizabeth avec le Prince de Navarre, dont il couroit quelque bruit, ſoit pour ôter aux Proteſtans François les ſecours qu'ils tiroient d'Angleterre. Elle y envoia à ce dessein quatre Seigneurs distingués, avec la qualité d'Ambassadeurs extraordinaires. La Reine avoit aussi de grandes raisons pour accepter cette alliance, ou du moins pour ne la pas refuser ouvertement. Il falloit prévenir le soulevement des Catholiques oprimés, & arrêter l'armement redoutable du Roi d'Espagne qui menaçoit de près l'Angleterre. Elizabeth voulant contenir les uns & les autres, traînoit les négociations en longueur, & convint enfin des articles qu'elle avoit fait mettre en grand nombre pour gagner du tems. Elle donna des bagues au Duc d'Anjou

PREFACE. lxxiij
d'Anjou pour gage de sa foi, & elle en reçut réciproquement. Elle paroissoit même souhaiter cette alliance, étant dans un âge, où il étoit tems de penser à sa postérité ; ce qui lui donnoit différens sujets de crainte pour l'avenir, & lui faisoit dire qu'il n'y avoit jamais eu de Peuples qui eussent adoré le Soleil couchant.

Mais toute sa conduite & ses discours n'étoient que feinte & illusion. Lorsqu'Henri III. voulut enfin l'obliger à signer les articles, elle fit réponse par son Ambassadeur, qu'elle n'avoit pensé à se marier que pour contenter ses Peuples, qui la pressoient instamment d'affermir la succession à la Couronne ; qu'entre tous ceux qui aspiroient à son alliance, elle n'avoit pas hésité de préférer le Duc d'Anjou pour ses qualités personnelles, & pour la splendeur de son rang ; qu'elle ne devoit rien précipiter dans une affaire qui seroit sans remede ; qu'elle n'étoit pas encore bien assurée du suffrage de ses Sujets ; que la vivacité avec laquelle on la pressoit n'étoit donc pas raisonnable ; que le Duc d'Anjou étant sur le point d'entrer en guerre avec Philippe II. pour des intérêts particuliers, il y entraîneroit les Anglois, qui ne cherchoient au contraire qu'à continuer la paix dont ils jouissoient; qu'ainsi elle avoit lieu de craindre qu'ils ne montrassent alors autant d'aversion pour lui, qu'ils avoient d'abord témoigné de vivacité pour son mariage; Qu'il étoit donc à propos d'en suspendre la célébration jusqu'à ce que le Prince eût terminé ses différends avec l'Espagne, & que la Ligue offensive & deffensive entre la France & l'Angleterre fut signée. Enfin elle dit que des Médecins & des femmes l'avoient assurée qu'elle ne pouvoit s'exposer à avoir des enfans sans courir un danger évident pour sa vie. Ces raisons firent comprendre au Roi de France qu'il ne falloit plus penser à cette alliance, & le Duc d'Anjou, qui étoit déja en Angleterre se retira.

En même tems qu'Elizabeth se mocquoit intérieurement de tous les Princes Etrangers qui la recherchoient en mariage, elle les trompoit aussi habilement en ce qui concernoit les Traités & les Alliances. Toujours & uniquement ocupée de la tranquillité & du bien de son Roïaume, elle ne prenoit ou ne gardoit d'engagemens que ceux qui étoient à son avantage, & elle ne manquoit jamais de ressources ou de prétextes pour se dispenser des autres. Dans les

PREFACE. lxxvij

commencemens de son regne, elle parut pénétrée de reconnoissance pour Philippe II; elle le nommoit son Sauveur, elle en avoit le portrait à côté de son lit, elle le faisoit remarquer à tout le monde. Mais quand elle se vit solidement établie sur le trône, & qu'elle crut n'avoir plus sujet de l'appréhender, elle se déclara ouvertement contre lui, à l'ocasion d'une somme considérable qu'elle avoit saisie à des marchands Italiens.

Ce fut pour se mettre à couvert de son ressentiment, & pour chercher de l'apui qu'elle s'allia en aparence avec la France & l'Ecosse par le Traité d'Edimbourg. Peu après elle prit de l'inquiétude sur le mariage de Marie Stuart avec le Dauphin; elle s'imagina que les François vouloient entrer dans l'Angleterre par l'Ecosse : elle rompit la paix avec ces deux Puissances, & prit les armes contre l'une & l'autre. Elle fit arrêter Marie, elle la mit dans la Tour de Londres, & traversa longtems par dessous main les négociations qui se faisoient pour sa liberté, & ausquelles elle sembloit se prêter de bonne foi.

Différentes circonstances réünirent Charles IX. avec Elizabeth, & il y eut une Ligue offensive & deffensive entre l'une & l'autre Couronne. Quoique la Reine fut outrée & allarmée de la journée de S. Barthelemi ; elle diſſimula avec le Roi, elle conſerva tous les dehors de la bonne intelligence ; elle conſentit même à être Maraine d'une Princeſſe de France. Cependant elle envoïa une flotte ſous le commandement du Comte de Mongommery au ſecours des Huguenots aſſiégés dans la Rochelle. Quand l'Ambaſſadeur de France lui en porta ſes plaintes, elle les éluda habilement. Elle répondit que s'il étoit ſorti quelqu'un de ſes Ports, c'étoient des gens ſans aveu, qu'elle permettoit de punir ſi on les

d iiij

pouvoit arrêter ; à moins que ce ne fussent des Marchands, dont il ne convenoit pas de troubler la liberté dans le commerce. Elle n'osa pas s'expliquer plus clairement ; le peu d'union qu'elle avoit avec la France lui servant à tenir ses ennemis en respect.

On sera moins surpris de voir Elizabeth duper les Hommes quand on saura qu'elle commença son regne par joüer la Religion. Le Protestantisme, établi en Angleterre sous Edouard & son fils Henri, y fit de grands progrès lorsqu'elle monta sur le Trône, & quoiqu'elle eût été instruite dans l'erreur elle n'en étoit pas con-

vaincue. Elle avoüa au sieur de Lansac qu'elle étoit persuadée de la Primauté du Pape, & à l'Ambassadeur d'Espagne qu'elle croïoit la réalité. Mais son zele pour la Religion marchoit toûjours après son intérêt particulier, suivant l'aveu des Ecrivains même Protestans. L'un (a) d'eux, qui pensoit comme elle sur cette liberté ou indifférence de sentimens, s'en explique en ces termes : » Indubitablement si tou-
» tes choses eussent été égales
» de part & d'autre, Elizabeth
» eût préféré la Religion Pro-
» testante à la Religion Romaine, car on l'avoit élevée

(a) BAYLE sur Elizabeth, Note F.

» dans la premiere. Mais pour
» éviter les risques qu'un ren-
» versement de Religion lui
» faisoit envisager, elle auroit
» suivi le Catholicisme si elle
» y avoit trouvé son avantage.
» Trop de roideur de la part du
» Pape la détermina à embras-
» ser le parti Protestant. Elle
» comprit qu'en demeurant
» Catholique elle ne pourroit
» disconvenir qu'elle ne dût la
» Couronne à une vraie usur-
» pation ou à une condescen-
» dance de la Cour de Rome,
» qui exposeroit tous les jours
» son Trône à mille disputes.
» Etant Catholique, elle de-
» voit confesser que le divorce
» de son pere avec Catherine

» d'Aragon étoit nul, & qu'ain-
» si Anne de Boulen n'avoit pû
» être que la concubine de
» Henri VIII. Or dans les Mo-
» narchies héréditaires, un bâ-
» tard ne peut exclure la pa-
» renté légitime sans renverser
» une loi fondamentale, &
» par conséquent sans devenir
» usurpateur. Il fallut donc
» qu'Elizabeth abandonnât l'E-
» glise Romaine, afin de pou-
» voir soutenir que la Cour de
» Rome avoit eu tort de con-
» damner le mariage d'Anne
» de Boulen. Mais outre cela,
» son esprit si pénétrant lui fai-
» soit trop bien apercevoir la
» situation des affaires généra-
» les, pour la laisser un mo-

» ment en doute qu'en se dé-
» clarant contre le Pape, elle
» mettroit dans ses intérêts
» tous les Protestans de l'Euro-
» pe, & que par ce moyen elle
» nourriroit la Guerre civile
» tant qu'elle voudroit chez ses
» Voisins «.

Tels sont les sentimens & les principes que cet Ecrivain licentieux atribue à Elizabeth, & qu'il confirme par la suite de ses réflexions que je n'ose transcrire. Quelque hardis & révoltans qu'ils paroissent, il est néanmoins très-vraisemblable qu'il n'impute rien à cette Princesse qu'elle ne pensât réellement; & toute sa conduite fait voir qu'elle agissait sur ces maximes.

Cependant en faifant abftraction de fes vûes & de fa maniere de penfer, il faut reconnoître qu'aucun Prince de l'Univers n'auroit manié le fceptre avec autant de prudence qu'Elizabeth dans les circonftances critiques où elle fe trouva. Nous emprunterons à ce fujet les paroles d'un Hiftorien (a) non fufpect d'avoir outré les louanges à fon égard. » Elizabeth, dit-il, eft une » Princeffe dont le nom nous » imprime d'abord dans l'efprit » une idée qu'on ne remplit » point dans les peintures que » l'on en fait. Jamais Tête cou-

___

(a) Le P. d'Orleans. Jesuit. Hiftoire des Révolutions d'Angleterre, tom. II. p. 459.

» ronnée ne sut mieux l'art de
» régner, & ne fit moins de
» fautes dans un long regne.
» Les amis de Charles-Quint
» pouvoient compter les fien-
» nes ; les ennemis d'Eliza-
» beth ont été réduits à lui
» en chercher, & ceux qui
» avoient le plus d'intérêt à
» décrier fa conduite l'ont ad-
» mirée. L'objet qu'elle fe
» propofa fut de gouverner,
» de régner, d'être maîtreffe,
» de tenir fes Peuples dans la
» foumiffion, & fes Voifins
» dans le refpect ; n'affectant
» ni d'affoiblir fes Sujets, ni
» de conquérir fur les Etran-
» gers; mais ne fouffrant pas
» que perfonne donnât attein-

» te au pouvoir suprême, » qu'elle savoit également » maintenir par la politique » & par la force. Car person- » ne de son tems n'eut plus » d'esprit qu'elle, plus d'adres- » se, plus de pénétration. Elle » ne fut pas guerriere, mais el- » le sut si bien former des Guer- » riers, que depuis long-tems » l'Angleterre n'en avoit vû » ni un plus grand nombre, ni » de plus expérimentés.

La Loi qui ne permet pas aux femmes de regner en France par elles-mêmes a enfoui les talens de différentes Princesses illustres, qui ont partagé les honneurs du Trône, depuis plus de treize cens ans que subsiste notre Monarchie. L'Histoire, qui sur ce principe a négligé de recueillir les traits de sagesse & d'heureuses dispositions pour le Gouvernement que l'on a remarqué dans plusieurs, n'en parle que légerement. Néanmoins elle en dit assez pour faire connoître qu'il y en eut dont le mérite égaloit au moins celui des Princes qui exerçoient l'autorité souveraine.

Sans nous arrêter à reprendre ces faits particuliers, épars dans les différens âges de notre Histoire, nous passons à la célébre *Catherine de Médicis*, qui fut chargée de l'administration du Royaume pendant une grande partie du seiziéme siécle. Elle y eut trois fois les honneurs & les droits de la Régence ; 1° durant le voyage de Henri II. son mari en Lorraine ; 2° pendant la minorité de Charles IX. 3° depuis la mort de ce Prince jusqu'au retour de Henri III. qui fut Roi de Pologne ; & quoique dans les intervalles elle ne portât pas le titre de Régente, elle fut toujours en conserver l'autorité.

Il falloit autant d'esprit, de politique & de fermeté qu'elle en avoit pour se soutenir au milieu des flots & des orages dont le Roïaume étoit agité. Lors de sa premiere Régence en 1552. il y avoit environ trente ans que les erreurs de la Prétenduë Réforme avoient commencé à troubler le repos de l'Eglise. Le venin présenté habilement, dans un siecle où regnoit l'ignorance, avoit malheureusement infecté une partie du Peuple & de la Cour. Ceux qui s'étoient laissé séduire portoient le zele aussi loin que ceux qui deffendoient la pureté de l'ancien dogme. Les plus grandes Maisons du Roïaume étoient devenues ennemies les unes des autres à ce sujet, & le sang roïal prêt à prendre les armes contre lui-même. Chaque jour produisoit son libelle, son assemblée, ses mouvemens de sédition.

PREFACE.

Le Peuple épuisé par les frais d'une longue & cruelle Guerre, ne demandoit que la paix, & s'embarassoit fort peu du parti qui l'emporteroit sur l'autre, pourvû qu'on en ressentît du soulagement. Cependant il inclinoit plus pour les Guises, Princes populaires, généreux, magnifiques & inviolablement attachés à la Religion qu'ils avoient reçuë de leurs peres. Les Nobles d'un autre côté donnoient leurs allarmes particulieres. Consumés par le service des dernieres guerres, ils demandoient de grandes sommes qui leur étoient dûës. Mais malheureusement les coffres du Roi étoient vuides & chargés d'environ quarante millions de dettes, dont l'intérêt couroit; une partie de son domaine étoit aliéné, & les revenus engagés pour plusieurs années d'avance. Les Seigneurs venoient tous à la fois solliciter les récompenses de leurs services, s'attachant à l'un ou à l'autre parti des Princes oposés, pour obtenir des charges ou des gratifications ; & ceux-ci s'étant enfin déclarés ouvertement les uns contre les autres trouverent pour Partisans ceux qui espéroient les avoir pour Protecteurs.

Mais quand il n'y auroit point eu de parti prêt à se former, la seule Catherine de Médicis eût été capable d'en faire éclore dans l'Etat. Autant par intérêt que par inclination naturelle, elle s'étudioit à semer la division entre les Grands, favorisant tantôt les Catholiques, tantôt les Novateurs, selon l'ancienne maxime & la devise de sa Maison, de mettre ou d'entretenir des sources de discorde entre ses principaux Sujets, pour prévenir tous les projets de rébellion & régner plus sûrement. *Divide ut regnes.* Sa politique mettoit en œuvre toutes les ruses & tous les artifices imaginables. Elle feignoit d'ouvrir son cœur à ceux qui l'aprochoient ; elle acommodoit sa voix, ses yeux, son air, & sa contenance aux passions des uns & des autres, pour les inciter ou pour les retenir. Quelquefois elle paroissoit grave & sérieuse, d'autrefois douce, affable, presque supliante; aujourd'hui elle étoit dans la joie, demain dans la tristesse & l'abattement. Tantôt on auroit cru qu'elle apréhendoit, & un moment après elle prenoit un visage & un ton menaçant. Elle n'épargnoit ni prieres, ni larmes, ni caresses, quand elles étoient nécessaires pour arriver à ses fins. Sa magnificence étoit sans bornes; personne ne savoit régner avec plus de splendeur. Elle avoit

PREFACE. xcv

apris de François I. son beaupere à ne rien épargner pour faire fleurir les Arts & les Siences, & elle agissoit comme étant persuadée que c'est l'unique moïen d'illustrer la mémoire des Princes. Aussi Henri III. lui donna cet éloge dans sa harangue aux derniers Etats de Blois, qu'elle avoit tant de fois conservé la France au milieu des dangers qui la menaçoient, qu'on ne devoit pas seulement l'apeller mere des Rois, mais encore mere de l'Etat & du Roïaume.

Dans la résolution qu'elle avoit formée de conserver toute sa vie le manîment des affaires, elle fit élever ses fils dans le plaisir, la molesse & l'ignorance; & dès que Charles IX. fut monté sur le Trône, elle engagea les Grands à la nommer Régente. Mais comme le Prince de Condé & le Connétable de Montmorency aspiroient au Gouvernement, elle fit déclarer le Roi Majeur dès qu'il eut atteint l'âge de quatorze ans, & désormais elle gouverna au nom de ce Prince, qui avoit à peine une ombre d'autorité. On sait l'abus qu'elle fit de son pouvoir pour le massacre des Protestans à la journée de S. Barthelemi; action fatale dont elle obligea le Roi à se déclarer l'Auteur.

Ses vûes ne se bornoient pas à

PREFACE.

à la France. Quelques Marchands de Marseille l'avoient assurée que les forces de Selim, ocupées en Orient contre les Italiens & les Espagnols, donnoient une ocasion favorable aux François de faire la conquête du Roïaume des Algériens, qui certainement préféreroient leur domination à celle des Espagnols dont ils étoient menacés. Si ce projet réüssissoit, elle comptoit y joindre dans peu la Sardaigne, que Philippe Roi d'Espagne avoit offerte autrefois comme un dédommagement de la Navarre qu'il avoit usurpée, & ensuite l'Ile de Corse, sur laquelle la France avoit des prétentions; que ces deux Iles, qui font des plus grandes de la Méditerranée, & très-avantageusement placées pour faciliter le passage en Afrique étant jointes à l'Etat d'Alger, formeroient une Puissance redoutable aux Couronnes voisines. Dans cette vûë, elle chargea François de Noailles, Evêque d'Acqs d'aller négocier cette affaire à la Porte avec le Grand Visir. Selim ne parut pas éloigné de ce projet, & sur la connoissance qu'il avoit du mérite de Catherine, il y auroit engagé le Sultan, si le Mouphti, dont l'avis est nécessaire dans les entreprises importantes, ne s'y étoit oposé,

PREFACE.

sous prétexte que les choses qui avoient été consacrées par le culte de leurs Peres ne devoient pas tomber en d'autres mains que celles des Musulmans. Mais l'envie de se concilier la Reine & de gagner son amitié fit promettre qu'on envoïeroit dans peu sur les côtes de Provence une flotte de deux cens Galeres, avec laquelle les François se rendroient maîtres de toutes les Villes qui sont sur les côtes d'Espagne & d'Italie, sans que la Cour de Constantinople y pût rien prétendre.

Ce Traité si avantageux à la France ne manqua que par le concours d'un autre projet,

PREFACE.

qui donnoit des espérances plus brillantes & plus flatteuses. Catherine aussi crédule qu'elle étoit ambitieuse, avoit consulté des Devins qui lui avoient prédit qu'avant sa mort elle verroit tous ses enfans sur le Trône. Quoiqu'elle donnât à cette prédiction un sens qui la flattoit, elle apréhendoit néanmoins qu'on n'eût voulu lui faire entendre que ses enfans régneroient l'un après l'autre en France, ce qui annonceroit quelques catastrophes ou des morts prématurées. Pour éluder le pronostic de cette funeste succession, elle portoit ses regards sur tous les Roïaumes de l'Europe qu'elle

PREFACE.

pourroit procurer à ses fils, & elle étoit très-attentive aux ocasions qui s'en présentoient. C'est ce qui lui avoit déja fait négocier le mariage du Duc d'Anjou & du Duc d'Alençon avec Elizabeth Reine d'Angleterre.

On aprit alors que la santé de Sigismond Auguste, Roi de Pologne étoit entierement désespérée, & que ce Prince n'aïant pas d'enfans, l'élection d'un nouveau Roi seroit dévoluë aux Etats de la Nation. Aussi-tôt Catherine ouvrit les yeux sur cet objet qui entroit parfaitement dans son plan favori, & le plus habile de tous les Princes n'auroit rien ajouté aux mesures qu'elle prit pour y réussir. De concert avec Monluc, Evêque de Valence & son Confident, elle convint d'envoïer quelque jeune Gentilhomme de la Cour, qui sous prétexte de voïager iroit d'abord à la Cour de Vienne, pour tâcher d'en pénétrer les vûes & les desseins: car on disoit que l'Empereur pensoit à faire tomber la Couronne de Pologne à son fils Ernest. Que de Vienne, ce Gentilhomme passeroit en Pologne, où il feroit son possible pour voir le Roi. Qu'il se lieroit avec les Seigneurs du Païs, qui se piquent de bien recevoir les Etrangers. Qu'il s'apliqueroit sans affectation à leur donner de l'estime pour le nom François, & en particulier pour le Duc d'Anjou; enfin qu'il ne négligeroit rien pour les engager à se souvenir de lui dans l'élection de leur Prince. Balagny, jeune homme adroit, & bâtard de Monluc, fut chargé de la commission, & il s'en acquita au grand contentement de Catherine.

Il revint en France aussi-tôt après la mort de Sigismond, & il rendit compte à la Reine Mere des dispositions où il avoit laissé les Polonois. Sur l'exposé qu'il en fit la Reine ne vit personne plus en état de suivre ce projet que l'Evêque de Valence lui-même. Il s'excusa longtems sur son grand âge & sur sa mauvaise santé. Mais elle lui fit tant d'instances qu'il ne pût se dispenser d'accepter cet emploi. Quelque grands en effet que fussent les secours & les pouvoirs qu'il reçut de la Cour pour traiter une affaire de cette importance, il avoit personnellement de plus grandes ressources pour la faire réussir. Déja il avoit fait connoître sa capacité dans plusieurs Ambassades où il s'étoit conduit avec autant de prudence que de bonheur. Le choix d'un tel homme répondoit parfaitement à la sagesse de Catherine.

PREFACE.

Dès qu'il fut arrivé sur les frontieres de Pologne, il écrivit aux Archevêques, Evêques Palatins, & aux grands Seigneurs assemblés à Warsovie, pour les engager à être favorables au Duc d'Anjou dans l'élection qu'ils alloient faire d'un nouveau Roi. Il dissipa habilement les reproches que l'on faisoit au jeune Prince sur la part qu'il avoit euë à la journée de S. Bartholemi. Il mit au contraire dans un beau jour tout ce qui pouvoit le rendre recommandable, la gloire de sa Nation, la splendeur de sa naissance, la maturité de son âge, sa probité, sa pénétration, son expérience dans la Guerre

& dans le Gouvernement d'un Etat, le bonheur qui acompagnoit toutes ses entreprises. Le discours qu'il fit à la Diete suivant les instructions qu'il avoit reçuës de Catherine, montroit l'habileté de l'un & de l'autre. Il s'y étendit beaucoup sur les avantages que l'élection du Duc d'Anjou pouvoit procurer au Roïaume. Il fit voir qu'il n'étoit ennemi d'aucun Prince ; qu'il n'avoit nul différent pour des limites ; qu'il étoit d'une Nation toujours amie des Polonois ; qu'il possédoit en France de grands apanages, dont le revenu montoit à quatre cens mille écus d'or ; qu'il pourroit équiper à ses dépens une flotte pour maintenir le commerce maritime de Narva, & pour transporter dans les Païs Septentrionaux une Armée de Gascons s'il en étoit besoin ; qu'il ne falloit que dix jours pour passer des Ports de France à Dantzick, enfin que ses richesses le mettoient en état de relever l'Université de Cracovie & de rétablir son College.

Toute l'Assemblée aïant aplaudi à sa harangue, qu'il eut soin de faire imprimer pour la répandre davantage, on ne pensa plus aux compétiteurs du Duc d'Anjou ; on le proclama Roi de Pologne peu de jours après, & on lui en envoia porter la nouvelle par treize principaux Seigneurs de la Nation. Catherine au comble de ses vœux d'avoir réussi dans une entreprise aussi importante que difficile, se surpassa en magnificence pour faire honneur aux Députés. Elle envoïa au-devant d'eux au-delà de la Porte S. Martin cinquante carosses à quatre chevaux qui les précéderent dans leur entrée, & qui étoient tous remplis des Princes du Sang, des premiers Seigneurs & des grands Officiers de la Couronne. Elle voulut que François de Bourbon Dauphin fût à leur tête.

Catherine étoit venuë à bout dans cette ocasion de ce que

PREFACE.

l'Empereur Maximilien, ni Jean Roi de Suede, ni Basile grand Duc de Moscovie n'avoient pû faire chacun en particulier pour leurs Fils, ni le Grand Seigneur pour un Sujet qu'il proposoit, ni enfin les Polonois pour un Prince de leur Nation qu'il étoit naturel de mettre sur le Trône préférablement à tout Etranger. Sa politique & son adresse l'emporterent sur tous ces illustres rivaux, qui d'ailleurs passoient pour habiles dans l'art de régner. Il fallut sacrifier la tendresse à l'ambition, quand le nouveau Roi, qu'elle aimoit comme soi-même, fut obligé d'aller prendre possession de sa

Couronne. Elle donna en le quittant les plus grandes marques de regrets & de douleur.

Mais à peine étoit-il arrivé en Pologne qu'il reçut un courier pour lui donner avis de revenir en France, monter sur le Trône qui lui étoit échu par la mort de Charles IX. son frere, décédé huit mois après le départ. Le Prince réduit à une extrême foiblesse déclara que sa maladie ne lui permettant plus de s'apliquer aux affaires, il s'en déchargeoit entierement sur sa mere, qu'il savoit très-digne de la confiance qu'il avoit en elle. Il ordonna qu'on lui obéît comme à lui-même, & que si Dieu l'apelloit à une meilleure vie, on reconnut en tout l'autorité de cette Princesse, entre les mains de laquelle il remettoit toute la plénitude de son pouvoir jusqu'à l'arrivée du Roi de Pologne. On en dressa les Lettres Patentes; & pour les rendre plus autentiques, Catherine y fit assister la jeune Reine, le Duc d'Alençon, le Roi de Navarre, & le Cardinal de Bourbon. Le Parlement voulant faire sa Cour à la nouvelle Régente, mit dans l'Acte que l'enregîtrement avoit été fait à la Requête du Procureur Général, après que la Reine avoit bien voulu accepter l'administration du Roïaume aux instantes prieres du Duc d'Alençon, du Roi de Navarre, du Cardinal de Bourbon & des Présidens & Conseillers que le Parlement lui avoit députés.

Elle ne perdit rien de son crédit par le retour du Roi, qui prit le nom de Henri III. & l'on peut dire qu'elle régna vingt ans consécutifs par l'autorité absoluë qu'elle avoit su prendre tant sur ses fils que sur les Grands du Roïaume. Le penchant du Roi pour la vie oisive laissoit d'ailleurs à sa mere la liberté d'agir comme elle vouloit. Alors le Roïaume étoit troublé plus que jamais par les disputes sur la Religion. Catherine voïoit l'impossibilité & les inconvéniens de forcer les Protestans à se soumettre au Concile de Trente. Ils étoient soutenus par les principaux personnages de l'Etat & même par des Princes du Sang ; leur parti étoit infiniment redoutable ; & dans l'espérance que le tems ameneroit des circonstances plus favorables, Catherine arrêtoit les voies d'éclat par des Treves ou des Traités de pacification qui contenoient les esprits. Mais le zele indiscret ou intéressé de quelques Catholiques aïant fait naître la fameuse Ligue qui fut aussi contraire à l'Etat qu'à la Religion, tout changea de face. Les Ligueurs entraînerent le Roi dans la malheureuse résolution qu'ils avoient prise de détruire tous ceux de ses Sujets qui ne voudroient pas renoncer à l'erreur.

Catherine ne négligeoit aucun des moïens qui pouvoient détourner cet orage. Elle fit la démarche d'aller en personne chercher le Roi de Navarre jusques dans le Poitou pour l'exhorter à reprendre la Religion de ses Peres, & à ne pas se rendre coupable des malheurs dont la France étoit menacée; elle le conjura de contremander les Troupes d'Allemagne qu'il faisoit venir pour soutenir les Calvinistes François. Mais toutes ses instances se terminerent en pure perte, & elle fut obligée de revenir promtement à Paris pour prendre les mesures convenables contre une conjuration des Ligueurs, formée sur la personne du Roi même, qui selon eux ne montroit pas assez de zele. Catherine ne pouvant se persuader que le projet de ce crime fût aussi réel qu'on le disoit, empêcha son fils d'arrêter les Chefs de la conspiration, dans la crainte de faire triompher le parti contraire. Sa sagesse l'abandonna en cette ocasion. Le Duc de Guise, déterminé à tout, pour soutenir l'entreprise qu'un faux zele lui avoit inspirée, séduisit les

Bourgeois de Paris, & les détermina à faire main-baſſe ſur les Troupes du Roi, commandées dans les principales Places de la Ville, où une partie fut aſſaſſinée à la perfide journée des Baricades.

Ce fut là le dernier coup qui acheva de ruiner l'autorité Roïale, juſqu'au tems où les armes victorieuſes de Henri IV. domterent la révolte & écraſerent tous les partis. Le Roi s'étant ſauvé à Chartres pour mettre ſa perſonne à couvert, le Duc de Guiſe ſe rendit le ſoir chez la Reine Mere, à qui il voulut faire croire qu'il étoit très-mortifié de ce départ ſubit & précipité, dont il n'y avoit aucun sujet raisonnable. Le pouvoir absolu que ce Chef des Ligués s'étoit acquis ne permit pas à Catherine de lui faire sentir toute l'horreur de sa conduite, qu'il vouloit parer des dehors de la Religion. Elle crut devoir dissimuler, pour conserver l'ombre d'autorité qui lui restoit, & elle se contenta de le recevoir froidement. Mais voïant qu'il étoit trop avancé pour reculer, & que la fortune sembloit lui offrir les moïens de pousser plus loin ses desseins ambitieux, qui ne pouvoient manquer d'entraîner la ruine du Roi même, elle voulut l'arrêter dans le cours de ses progrès. Elle emploïa pour cet effet la crainte & l'espérance, représentant au Duc d'un côté le peu de fonds qu'il y avoit à faire sur une populace inconstante & légere, dont l'apui étoit son unique ressource; & de l'autre, lui faisant au nom du Roi son fils les propositions les plus avantageuses. Toutes ses remontrances ne furent pas capables de vaincre le Duc. Résolu de poursuivre son entreprise & de mettre ses succès à profit, il se fit aporter les clefs de la Bastille & du Château de Vincennes pour affermir de plus en plus son autorité dans la Capitale du Roïaume.

Il auroit peut-être envahi le Trône & la Couronne, si Catherine ne lui en avoit fermé les accès, moins à la vérité par la force, qu'elle n'avoit plus en main, que par les reſſources de ſa prudence & de ſa ſageſſe. Si elle-même avoit voulu ſe faire déclarer Reine abſoluë à l'exclusion de ſon fils, elle y auroit aiſément réuſſi dans des circonſtances auſſi orageuſes. Mais tout ocupée du rétabliſſement de ce Prince, elle fit dire ſous main au Premier Préſident de Harlay, qu'il ſeroit à propos que le Parlement députât à la Cour de Chartres quelques-uns de ſon Corps, pour faire des excuſes au Roi ſur ce qui s'étoit paſſé, & l'aſſurer de la ſoumiſſion & de la fidélité des Pariſiens.

Sur cet avis intervint un Arrêt des Chambres assemblées qui y étoit conforme, & qui fut donné à la requisition du Procureur Général, afin qu'il parût que le Parlement faisoit cette démarche de son propre mouvement & pour satisfaire à son devoir. Six Députés se rendirent à Chartres, & aïant obtenu audience de sa Majesté, ils lui firent un discours tel qu'on auroit pû le désirer dans les tems les plus tranquiles. Le Roi leur répondit que la Reine Mere l'avoit déja informé de leur résolution, qu'elle lui avoit fait d'autant plus de plaisir, que jusqu'alors il avoit été persuadé que leur Corps, un des

PREFACE.

des plus respectables du Roïaume, ne s'écarteroit jamais de son devoir; qu'il savoit qu'ils étoient fachés de ce qui étoit arrivé à Paris, & qu'ils n'auroient pas manqué de l'empêcher, s'il avoit été en leur pouvoir. Il excusa même par politique les Habitans de cette Ville, rejettant le tumulte sur un petit nombre d'esprits séditieux, qui avoient excité tout le désordre. Il les exhorta à demeurer fermes dans la fidélité qu'ils lui devoient, & promit de les informer plus amplement de ses intentions par la Reine Mere, à qui il étoit redevable non-seulement de lui avoir donné le jour, mais encore des soins qu'elle avoit toujours pris pour le bien & la tranquilité de son Roïaume.

Les Ligués eux-mêmes ne s'exprimoient pas moins avantageusement sur cette Princesse, quoiqu'elle se fût ouvertement déclarée contre leurs violences. Dans la Requête qu'ils présenterent au Roi pour se plaindre des Novateurs, ils lui dirent que pour lui faire connoître que ni la jalousie ni la haine n'avoient aucune part à leurs acusations, ils le suplioient de prier la Reine sa mere, aux soins de laquelle il n'étoit pas moins redevable que tout le Roïaume, de lui en dire librement son sentiment; persuadés que sa justice & la pureté de sa foi proscriroient infailliblement l'erreur. Ils demanderent ensuite au Roi de se mettre lui-même à la tête de l'armée qui devoit marcher contre les hérétiques de la Guienne, tandis que la Reine resteroit à Paris pour veiller au Gouvernement de l'Etat, qu'elle avoit jusqu'alors si heureusement & si sagement administré.

Cette proposition de Guerre n'aïant pas été acceptée, on travailla fortement à réconcilier les Ligués avec le Roi. Catherine engagea une seconde fois le Parlement à envoïer lui faire des remercimens de la

Paix qu'il venoit de donner aux Catholiques, le suplier d'oublier le passé & de revenir dans sa Capitale. Le docte Président Barnabé Brisson étoit à la tête des Députés; il alla joindre le Prince à Vernon, & fit un discours si éloquent qu'il charma toute la Cour. Henri, qui malgré des soins plus pressans s'amusoit volontiers à ces sortes de harangues, y fit une réponse, où l'on sentoit qu'il avoit cherché à faire briller son esprit. Mais il y déclara qu'il ne jugeoit pas encore à propos de rentrer dans Paris.

De Vernon il retourna à Chartres où la Reine Mere lui mena le Duc de Guise. Ce Chef

PREFACE.

des Ligués parut devant le Roi avec une grande aparence de soumiſſion, & ſe proſterna pour lui baiſer la main. Henri le releva d'un air riant & l'embraſſa. On étoit bien perſuadé que la politique, ſi ordinaire à la Cour, avoit réglé tout ce qui s'étoit paſſé dans cette premiere entrevûë, & l'on en eût la preuve quand on ſut que le Roi avoit fait aſſaſſiner le Duc de Guiſe à l'entrée de ſon cabinet où il venoit lui rendre viſite. Auſſi-tôt après que le coup eut été fait, Henri deſcendit chez la Reine pour l'informer de ce qui venoit de ſe paſſer. Cette Princeſſe fut frapée d'une action auſſi effraïante, dont le Roi ne paroiſſoit pas même ému. Cependant comme elle ſavoit parfaitement diſſimuler, elle ſe contenta de demander à ſon fils s'il avoit prévu les ſuites que cette démarche pouvoit avoir, & s'il étoit préparé à tout événement. Le Roi aïant répondu qu'il avoit pourvû à tout; « Tant mieux, lui dit-elle, je prie Dieu ſeulement que vous vous trouviez bien de ce qui vient d'arriver ».

Malgré le déguiſement de Henri, elle s'aperçut qu'il commençoit à ſe défier d'elle, & dès-lors on la vit ſe négliger ſenſiblement. Soit feinte, ſoit dégoût réel, cauſé par ſon grand âge, elle ne ſe mêla plus du Gouvernement; contente de se soutenir à la Cour par une magnificence toujours roïale & par une ombre d'autorité que le Prince ne lui ôta jamais. Peu de tems avant la mort du Duc de Guise, elle avoit eu une légere attaque de fiévre, & elle commençoit à se rétablir lorsque cet accident imprévu, joint aux reproches du Cardinal de Bourbon, qui l'acusa de l'avoir trahi lui & le Duc en les amenant à la Cour, lui donna le coup de la mort. Catherine peut avoir eu des défauts comme tous les plus grands Princes, puisqu'il est attaché à l'humanité de n'en pouvoir être exempte. Mais il faut aussi reconnoître qu'elle possédoit éminemment l'art de gouverner un Royaume dans les circonstances les plus difficiles. Ses fils souvent loués dans l'Histoire, n'ont jamais su comme elle tenir en équilibre les deux Partis qui agitoient alors l'Eglise & l'Etat. C'est la seule face sous laquelle nous envisageons ici les Princesses illustres, & qui nous a fait mettre Catherine de Medicis au rang des plus célebres.

Les évenemens ne furent pas moins importans sous la Régence de Marie de Medicis femme de Henri IV. & sous celle d'Anne d'Autriche Mere de Louis XIV. L'une & l'autre ne purent se dispenser de prendre chacune un premier Ministre, & le choix qu'elles en firent montra la justesse & la solidité de leur discernement, en confiant une partie de l'autorité à des hommes capables de les faire régner avec toute la sagesse, la force, & la splendeur qui conviennent à la majesté du Trône. Ce sont en effet les excellens Ministres qui immortalisent la mémoire des Rois; & la marque assurée d'un grand Prince, c'est de les savoir choisir. On peut apliquer à ceux-ci ce que la Sagesse dit d'elle-même : C'est par moi que les Monarques regnent avec gloire & dans l'équité sur le cœur de leurs Sujets ; c'est par moi que les Législateurs ordonnent ce qui est juste. *Per me (a) Reges regnant, & Legum Conditores justa decernunt.*

Quel honneur pour le Prince, & quelle reconnoissance de la part de ses Sujets à qui il donne un Ministre, simple au faîte des grandeurs ; assis à côté des lys qui l'honorent, sans paroître les apercevoir ; méprisant les richesses dans le sein de l'opulence ; n'usant de celles qui lui apartiennent que pour devenir bienfaiteur. Affable envers tout le monde ; qui ne refuse qu'avec regret, & sans qu'on puisse se plaindre ; qui

(a) Prov. Chap. VIII. vers. 15.

acorde sans le faire valoir ; qui s'aplaudit en obligeant. Calme dans les plus importantes affaires. Toujours égal dans son esprit ; toujours le même dans son cœur ; soutenu dans sa conduite, uniforme dans ses maximes. Aussi juste dans ses vuës, qu'impénétrable dans ses démarches, & inviolable dans ses engagemens. Exemt du trouble, de l'humeur & des inquiétudes qui décelent la foiblesse de l'esprit. Qui laisse douter lequel il entend le mieux, de la Politique, des Loix, de la Guerre, ou des Finances ; qui regle chacune de ces parties avec la même habileté. Digne par conséquent de la confiance du Prince, du respect des Grands & de l'amitié du Peuple. Chéri dans le Roïaume; révéré & apréhendé des Couronnes étrangeres, qui le nomment pour leur Juge lors même qu'il est leur partie. Redoutant la Guerre comme un fléau, & néanmoins sachant la faire à propos, pour affermir la paix, en forçant les ennemis de l'Etat à la demander & à nous craindre. Connoissant de tout, depuis la Crosse & le Bâton jusqu'à la houlette; ne negligeant rien: veillant même sur la derniere brebis du troupeau; chez qui tout mérite attention dès qu'il intéresse un sujet. Pour qui tous les François voudroient qu'on retranchât de leurs jours, & qu'on les ajoûtât aux siens. Que le Ciel conserve par égard à leurs vœux; qu'il protege enfin aussi manifestement que celui qui fut envoié en Egypte pour y être le salut de ses freres; & sur qui il a répandu l'esprit & la sagesse, dont fut doüé le Ministre du plus humain de tous les Monarques Conquérans, le Libérateur d'Israël.

Il s'en falloit beaucoup que Richelieu & Mazarin mis ensemble eussent toutes ces qualités, & cependant on ne peut leur refuser la gloire d'avoir été de grands Ministres. Marie de Médicis choisit le premier après le meurtre de Henri IV; elle partagea avec lui l'adminiſtration du Roïaume, & agiſſant toujours de concert, ils le deffendirent contre ſes ennemis étrangers & les fureurs du faux zele. Le Parlement ne put mieux marquer ſa reconnoiſſance envers la Reine Mere qu'en aſſurant en plein Lit de juſtice que le Peuple ſeroit charmé qu'on fît fraper de la nouvelle monnoïe avec cette légende MARIA MEDICEA, SECURITAS REI GALLICÆ. *Marie de Médicis, le repos & la ſureté des intérêts de la France.* Cet éloge renferme tous les autres. Il nous diſpenſe du détail; il montre combien cet-

PREFACE.

te Princesse étoit digne de gouverner, & il suffiroit pour caractériser le plus illustre & le plus précieux de tous les Monarques.

La France étoit dans les circonstances les plus difficiles lorsqu'Anne d'Autriche en fut nommée Régente au Parlement le 18. Mai 1643. Le jeune Roi Loüis XIV. n'avoit alors que quatre ans & demi; toutes les Puissances Etrangeres étoient liguées contre sa Couronne, & les disputes de Religion entretenoient le feu de la Guerre Civile dans toutes les parties du Roïaume. La Reine ne vit personne plus en état de l'aider à écarter ces orages que le Cardinal de Mazarin, homme parfaitement versé dans le Gouvernement, instruit par le Cardinal de Richelieu, & que Louis XIII. avoit nommé son Exécuteur Testamentaire. Tout fut réglé désormais par ces deux ames du Conseil souverain. Dès la premiere année de la Régence on prit les Armes & l'on marcha en même tems contre tous les Ennemis de l'Etat. Les succès éclatans des Généraux à qui l'on donna le commandement des Troupes prouverent la sagesse avec laquelle on les avoit choisis préférablement à d'autres. Jamais la France ne remporta tant de Victoires en si

PREFACE. cxxxvij

peu de tems. Louis de Bourbon Duc d'Enguien, si célebre depuis sous le nom de Prince de Condé, gagna la fameuse bataille de Rocroi & prit Thionville. Le Marêchal de Brezé battit la Flotte Espagnole à la vûe de Carthagene. Turin fut emporté par le Prince Thomas ; le Pont de l'Esture par le Marêchal du Plessis-Prâlin, & Rotwil en Allemagne par le Marêchal de Guébriant. L'année suivante 1644. ne fut pas moins heureuse. Le Vicomte de Turenne gagna la seconde bataille de Rotwil. Le Duc d'Enguien déja couvert de gloire à Fribourg, emporta Spire, Philisbourg, Mayence

& d'autres Villes, qui suivirent le destin de Gravelines, soumise par Gaston d'Orléans. Rose, la Mothe, Béthune & Landeau eurent le même sort, & après elles, Liorens en Catalogne, Nortlingue en Allemagne, & Mora en Italie. Ces prospérités furent presque sans interruption pendant les quatre années suivantes jusqu'à la paix de Munster signée en 1649.

Les douceurs que l'on s'en promettoit furent troublées par les murmures séditieux qui éclaterent dans le Roïaume. Le Peuple oprimé par les subsides que le Conseil avoit porté fort haut pour soutenir une Guerre générale, s'en prit au Cardinal Mazarin; & les Grands, jaloux de son autorité & des revenus immenses dont il jouissoit tant par les pensions de la Cour que par l'Evêché de Mets & par douze Abaïes Roïales, se déclarerent contre lui. Ce fut le sujet ou le prétexte des Guerres Civiles, qui mirent toute la France dans le désordre pendant quatre ans. La Reine soutint son Ministre aussi longtems qu'elle put. Il fut néanmoins obligé de sortir du Roïaume, où sa tête avoit été mise à prix. Mais ses ennemis, vainqueurs des Puissances Etrangéres les plus redoutables, furent toujours vaincus lorsqu'ils combattirent contre son parti. C'étoit l'effet des mesures qu'il prenoit & des intelligences secrettes qu'il entretenoit avec la Reine. Les Rebelles succomberent enfin, & furent contraints de consentir à son retour. Il reprit le Gouvernement des affaires avec la Reine même sous la majorité du Prince; il rendit la tranquillité à l'Etat, & consomma les services de son ministere par le mariage de Louis XIV. avec l'Infante d'Espagne, qui suivit la seconde paix. La France avoit besoin d'un tel homme dans des conjonctures aussi orageuses que celles où l'on étoit sous la minorité du Prince; &

elle fut redevable des ressources qu'elle trouva en lui à la protection qu'Anne d'Autriche lui acorda contre le gré de tous ses Sujets. L'évenement fit voir qu'elle connoissoit mieux que personne les véritables intérêts de l'Etat ; & que nul dans le Roïaume n'étoit aussi digne de régner.

L'Espagne eut ses Femmes fortes & ses Héroïnes comme la France & l'Angleterre. Comme il n'y eut jamais de Loi pour leur interdire les droits du Trône, plusieurs l'ocuperent en différens tems avec autant de sagesse, de force & de dignité que les Princes qui mériterent le plus l'estime & l'affection de leurs Sujets. La suite de cette Monarchie en fournit divers exemples. Mais les bornes d'une Préface ne permettant pas de donner à ce sujet toute l'étenduë qu'il pourroit avoir, nous ne toucherons que le regne d'Isabelle, si célébre dans l'Histoire de ce Royaume.

Henri IV. Roi de Castille, surnommé l'Impuissant, vouloit persuader qu'il étoit pere de la Princesse Jeanne, que toute la Cour savoit venir de la Reine & du Grand Maître de l'Ordre de S. Jacques. Pour soutenir ses prétentions, il la nomma héritiere de la Couronne après sa mort, au préjudice d'Isabelle sa propre sœur, à qui

PREFACE.

le Sceptre apartenoit au défaut d'un Succeſſeur légitime. L'envie de plaire dans les uns, & l'attachement au Sang Roïal dans les autres partagerent les ſentimens ſur cette nomination. Des manieres affables & engageantes, un génie vaſte & pénétrant, un eſprit capable de former & d'exécuter les plus grands projets, un courage au-deſſus de ſon ſexe, faiſoient d'ailleurs préférer Iſabelle à celle que l'on regardoit comme étrangere & avec mépris. Le fondement ſolide de ſon droit à la Couronne engagea preſque tous les Princes de l'Europe, entr'autres le Duc de Berri, à la demander en mariage, & elle leur préféra Ferdinand, fils de Jean II. Roi d'Aragon, de Catalogne, de Léon & des Asturies.

Ce jeune Prince n'avoit alors que seize ans, & par conséquent toutes les mesures qu'il falloit prendre pour se soutenir contre les opositions du Roi de Castille son frere regardoient Isabelle. Elle emploïa d'abord les voies de douceur & de politesse pour engager ce Prince à changer de sentimens à son égard, ou pour s'attacher de plus en plus les Grands du Roïaume, & les soulever contre lui s'il persistoit à lui être contraire. Elle lui écrivit en termes pleins de respect

&

& de soumission, mais avec grandeur & dignité, lui rapellant le refus généreux qu'elle avoit fait des Etats qu'il avoit eu la bonté de lui offrir. Elle lui fit un long détail des raisons qui l'avoient déterminée à presser son mariage, & à préférer le Prince d'Arragon à tous ceux qui la recherchoient. Elle l'assûra qu'elle & son époux lui seroient toujours aussi soumis que ses propres enfans, pourvû qu'il voulût leur témoigner une bienveillance & une amitié paternelle. Dans une autre lettre, elle demanda au Roi la permission d'aller le joindre, protestant qu'elle n'ambitionnoit que son amitié & les ocasions de lui marquer son zele pour le rétablissement & la conservation de l'Etat. Henri reçut avec hauteur & colere les démarches d'Isabelle, & il répondit qu'il examineroit à loisir le parti qu'il devoit prendre.

Dans le même tems, Louis XI. Roi de France demanda en mariage pour son frere Charles, Duc d'Aquitaine, la Princesse Jeanne. Henri l'acorda volontiers pour lui procurer une protection aussi puissante que celle des François, qui seroient désormais intéressés à faire valoir ses droits sur la Couronne d'Espagne; & à la cérémonie du mariage, la Princesse Isabelle fut dégradée publi-

PREFACE.
quement de toutes ses prétentions au Roïaume de Castille. En conséquence, Henri fit de grandes levées, & cita nomément tous les Seigneurs de ses Etats pour obliger Isabelle & Ferdinand à sortir des frontieres. Mais ses ordres & ses préparatifs demeurerent sans effets. Il eut la douleur de voir le parti d'Isabelle acquérir chaque jour de nouvelles forces soit dans la Noblesse soit dans le Peuple. Autant on le méprisoit, autant on avoit d'estime pour les vertus & les rares qualités de la Princesse. Les Evêques, le Comte de Tolede & presque tous les Seigneurs s'étoient déclarés hautement pour

soutenir ses intérêts. Henri effraié du nombre & de la puissance de ses Partisans, consentit qu'elle vînt à la Cour de Ségovie, où il la reçut avec toutes les démonstrations possibles d'amitié & de tendresse fraternelle.

Isabelle ne s'en laissa point éblouir. Elle demanda que tous les ordres du Roïaume fissent entre ses mains un serment de fidélité, la reconnoissant comme héritiére présomptive de la Couronne, qui devoit lui écheoir par le droit de sa naissance. Elle protesta que si on vouloit lui acorder sa demande, elle & Ferdinand seroient inviolablement atta-

PREFACE. cxlix
chés aux intérêts du Roi; qu'elle mettroit sa fille unique en otage dans la citadelle d'Avila, & qu'elle donneroit son consentement au mariage de la Princesse Jeanne, veuve du Duc d'Aquitaine, avec Henri d'Arragon. Mais elle déclara qu'elle y seroit toujours oposée, si on ne lui rendoit la justice qui lui étoit duë.

Sa fermeté irrita les Courtisans de Henri, qui lui persuaderent de faire fermer les portes d'Avila, pour y tenir Isabelle prisonniere, & l'obliger à signer un Traité tel qu'on le voudroit. Ferdinand averti du projet sortit de la Ville & fit tous ses efforts pour emmener

PREFACE.

la Princesse. Ni ses instances, ni la vûe de la captivité & des mauvais traitemens qui auroient pû l'exposer à mollir, ne furent capables de la déterminer à le suivre. Elle ne voulut pas abandonner une place où tous les trésors du Roi étoient en dépôt, où la Cour étoit très brillante & très-nombreuse ; elle résolut de demeurer dans la Forteresse, déterminée à tout évenement.

La Fortune favorisa la constance d'Isabelle. Depuis longtems la santé du Roi s'affoiblissoit de jour en jour. Il mourut lorsqu'on le transportoit à Madrit pour changer d'air ; & il nomma la Princesse Jeanne

PREFACE. clj

pour lui succéder à l'exclusion d'Isabelle. Mais ses dispositions ne furent pas suivies aussi unanimement qu'il l'avoit espéré. La plus grande partie de l'Espagne se déclara pour celle qu'il avoit excluë. On éleva dans la Place publique de Sigovie un amphithéâtre, où tous ceux qui se trouverent dans la Ville, prêterent le serment de fidélité sur le Livre des Evangiles en faveur de Ferdinand & d'Isabelle, qu'ils nommerent Rois d'Espagne par l'organe d'un Hérault, avec des cris de joye & un aplaudissement général. On ne fit néanmoins le serment de fidélité à Ferdinand qu'après qu'il eût juré lui-même de conserver inviolablement les droits & les privileges du Roïaume à l'exemple de la Reine son épouse, qui lui avoit apris à braver pour eux les perils & la captivité.

Ceux-mêmes qui venoient de voüer leurs armes, leurs biens & leur vie aux intérêts d'Isabelle ne s'acordoient pas entr'eux sur la forme du Gouvernement. Les uns remplis de confiance dans les rares qualités qu'elle faisoit paroître, prétendoient qu'elle seule devoit être revêtuë de toute l'autorité, comme il s'étoit pratiqué sous les Princesses Ormisinde, Odisinde, Sanctia, Urraca, Berengere & plusieurs autres, qui avoient été dépositaires principales du pouvoir souverain dans le Roïaume de Castille. On disputoit même si Ferdinand auroit le nom & les marques de Roi.

La Reine termina ces contestations par un Traité qui plût à tout le monde, & qu'elle fit signer à son mari. Les Articles étoient, que dans les Regîtres, les Edits & la Monnoie, le nom de Ferdinand seroit mis devant celui d'Isabelle; mais que dans l'écu des Armoiries, les Armes de Castille seroient placées devant celles d'Arragon; que les Gouverneurs des Villes & des Citadelles seroient choisis au nom d'Isabelle; que les Tréforiers & les Intendans des Finances prendroient fon attache, & feroient entre fes mains leur ferment de fidélité.

Ces conditions étoient dures pour Ferdinand, & il ne pouvoit s'empêcher de faire paroître combien il y étoit fenfible. Ifabelle, femme habile à manier les efprits & à gagner les cœurs, adoucit fon chagrin par les remontrances & les careffes qu'elle lui fit. Elle l'affûra que ce Réglement fur l'adminiftration de l'Etat lui étoit plus défagréable qu'à lui-même ; que quand elle l'avoit choifi pour époux, elle avoit compté partager avec lui les honneurs, les richeffes & la Couronne ; qu'en

PREFACE.

public & en particulier il seroit le Roi, le maître & l'arbitre de tout; mais qu'il falloit sacrifier quelque chose à la disposition des esprits & à la situation des affaires. Elle l'assura que personne n'obtiendroit jamais que de son consentement les dignités, les honneurs, les charges & les magistratures. Cependant elle lui fit entendre adroitement qu'elle ne croïoit pas qu'il voulût confier à d'autres qu'à des Castillans les Forteresses, les Gouvernemens, & les Finances du Roïaume, parce que ce seroit s'exposer à l'envie & à la haine de toute la Nation. Des protestations aussi obligeantes où la politique avoit autant de part que la tendresse, calmerent le chagrin & l'aigreur de Ferdinand, & redoublerent son amitié pour la Reine.

La soumission des principaux Seigneurs du Roïaume, étoit un grand point ; mais elle ne donnoit pas encore au Roi & à la Reine tout ce qu'il falloit pour agir contre leurs ennemis du dedans & du dehors. Cabrera, Garde du Trésor roïal, en avoit jusqu'à ce jour gardé les clefs, attendant de les remettre au parti qui seroit le plus fort, auprès duquel il s'en feroit un mérite. Isabelle emploia toutes 'es ressources de son esprit & de son adresse, afin de l'engager à se déclarer pour elle. Elle lui écrivit, elle lui fit parler, elle lui promit que sa reconnoissance seroit sans bornes, elle le sollicita de toutes manieres; enfin elle en obtint ce qu'elle voulut. Pour déterminer le reste des rebelles à suivre cet exemple, elle donna à Cabrera la Ville de Moja, située sur les frontieres de Valence, sous le titre de Marquisat pour en jouir à perpétuité, lui & ses descendans, aussi bien que du Gouvernement de Sigovie, avec une autre belle Terre à titre de Comté.

L'argent du Trésor roïal fut d'un grand secours pour fournir aux dépenses de la Guerre dont on étoit menacé du côté de Jeanne & du Roi de Portugal qui la protégeoit. Isabelle envoïa aussi des Ambassadeurs à Louis XI. Roi de France pour traiter de la paix, en lui restituant la Principauté de Roussillon. Ces Préliminaires firent écouter favorablement l'Ambassadeur. Le Roi offrit d'envoïer en Castille autant de troupes & d'argent qu'il en faudroit pour établir solidement la domination de Ferdinand & d'Isabelle s'ils vouloient donner la jeune Princesse leur fille au Dauphin. D'autres intérêts firent changer de résolution au Roi de

PREFACE. clix

France. Il se ligua même avec le Portugal pour attaquer ceux dont il avoit paru rechercher l'alliance.

La Guerre fut donc allumée avec toute l'ardeur imaginable, & Isabelle n'y prit pas moins de part que Ferdinand son mari. Elle donna les ordres pour la levée des troupes; elle les fit équiper & former aux exercices militaires; souvent elle assistoit aux revûës générales & particulieres, où elle inspiroit l'émulation par ses discours flatteurs, par ses manieres & par ses promesses. Elle les acompagnoit à l'armée, témoignant qu'elle vouloit partager avec eux les fati-

gues & les périls qu'ils ef-
fuïoient pour elle. Tantôt on
la voïoit faire la visite du camp,
tantôt à la tête d'un détache-
ment particulier qui alloit reconnoître l'ennemi, la place
& les environs. Embraffant
tout ce qui regardoit la Guerre,
elle alloit elle-même dans les
différentes Contrées & Provinces pour acheter & faire tranfporter les vivres néceffaires
dans le Camp. Elle y revenoit
enfuite ; & quand il falloit donner une bataille elle paroiffoit
la premiere à la tête des Efca-
drons, volant de l'un à l'autre,
excitant à bien faire par les
promeffes & par l'amour de la
gloire ; rempliffant toutes les

fonctions d'un Général & d'un Heros. La Victoire couronna enfin sa valeur & celle de Ferdinand. Les troupes de Jeanne, des Portugais & des François furent dissipées après plusieurs défaites, & l'on en vint à un Traité de paix qui fut tout à l'avantage d'Isabelle. La Princesse Jeanne désespérant de pouvoir jamais l'emporter sur une telle rivale, se détermina à prendre le voile, & son entrée dans le Monastere mit Isabelle en possession paisible du Trône de Castille & de l'Espagne.

Les momens de la Paix ne furent pas pour Isabelle un tems consacré aux délices, aux fêtes & à la molesse. Toujours ocupée de la gloire de son Roïaume & de la tranquillité de ses Sujets, elle s'attacha à entretenir l'union avec les Puissances étrangeres, & son nom devint aussi redoutable que celui des plus Grands Princes qui régnoient alors dans l'Europe. Quelques-uns d'entr'eux aïant pris pour des fables ce que Christophe Colomb leur proposa sur la réalité de l'Amérique, Isabelle n'en jugea pas aussi légerement. Elle examina les preuves que ce célebre Navigateur lui raportoit de l'existence d'un nouveau Monde; elle accepta ses services pour en faire la découverte; elle emprunta même l'argent qu'il fallut pour équiper à grands frais l'Escadre qu'elle y envoya; & dès le premier voiage qui y fut fait en 1492. elle reçut les prémices de ces richesses immenses que l'Espagne en a tirées depuis sans interruption. Isabelle mourut douze ans après, d'un ulcere qui lui étoit venu pour avoir été trop souvent à cheval; les Guerres & les embarras qu'elle avoit eus au commencement de son regne lui en avoient fait contracter l'habitude, & rarement elle se servoit d'autre voiture. Jamais Prince ne fut plus sincerement ni plus généralement regretté, & l'on avoit sujet de donner des larmes à une Reine qui ne connoissoit d'autres ocupations que le soin de son Roïaume, les exercices de Religion, & l'étude des Belles-Lettres, qui l'avoit mise en état de soutenir la conversation des Savans. Tous les Historiens ont fait l'éloge de ses rares qualités, & l'on n'en trouve point qui lui ait reproché aucun défaut qui puisse flétrir sa mémoire.

Après de tels exemples peut-on nier que les femmes soient capables de gouverner un Etat avec sagesse, avantage & magnificence ? Si l'on disoit que le nombre de ces Reines est petit, il seroit aisé de répondre que celui des Princes illustres n'est pas le plus grand. Un mérite supérieur en quelque genre que ce puisse être, sera toujours rare & extraordinaire. Pour préparer l'esprit à l'Histoire des Amazones, il suffit d'avoir montré que l'administration du Sceptre par la main des femmes n'a rien d'impossible, & qu'elles peuvent même l'honorer autant que des hommes. C'est la plus spécieuse objection que l'on propose contre la réalité de ces anciennes Guerrieres. Mais elle paroît détruite par le peu d'exemples que nous venons de citer, & que la proximité des tems ne permet pas de révoquer en doute. Un petit nombre d'autres prouvera de quelle force & de quel courage elles sont capables au milieu des Ennemis & dans la chaleur des combats.

Sans remonter jusqu'aux célebres femmes de Sparte qui portoient les armes & la terreur avec autant & quelquefois plus de succès que leurs maris, de même que tant d'autres dont l'Antiquité a relevé la valeur dans les siéges & les batailles, nous ne parlerons que de celles qui se sont fait admirer pour ce sujet dans les derniers tems.

Quoique nous soïons bien éloignés d'adopter tout le merveilleux dont les Historiens &

les Poëtes du XV. siécle ont embelli la vie de la célébre Jeanne d'Arc, plus connuë sous le nom de la Pucelle d'Orléans, il est certain que cette jeune Lorraine fit des prodiges de valeur, & qu'elle devint le salut de la France. Alors les Anglois s'étoient rendu les maîtres de l'Orléanois, de l'Ile de France, de la Champagne & de la Picardie. Jeanne d'Arc se disant inspirée de Dieu pour délivrer sa patrie, alla se présenter pour cet effet au Roi Charles VII. Elle demanda qu'il lui fût permis de prendre des habits d'homme, & de porter les armes parmi les Troupes Françoises. Son premier exploit fut de conduire dans Orléans un convoi de vivres à la Garnison & aux Habitans, qui étoient à la veille de périr ou de se rendre. Après avoir relevé leur courage abattu, elle fit plusieurs sorties toujours heureuses sur les Anglois, elle renversa leurs Forts & les obligea enfin à lever le siége. Delà elle conduisit le Roi au travers des Ennemis jusqu'à Reims, où il fut sacré. D'abord après la cérémonie, elle se remit à la tête des troupes; elle reprit presque toutes les Villes possédées par les Anglois, & elle changea la face de leurs affaires du blanc au noir, pour me servir des termes d'un de leurs

leurs Historiens. Mais lorsqu'ils pensoient à se retirer, ils la prirent prisonniere, & la firent brûler à Rouen comme atteinte & convaincuë de sortilege; ne croïant pas que tant d'actes d'une valeur inouie fussent dans l'ordre de la nature & de son sexe.

Les différentes incursions que les Turcs ont faites en Europe depuis leur établissement à Constantinople n'ont que trop souvent donné ocasion aux hommes & aux femmes de Hongrie de signaler leur valeur. Celles-ci en donnerent des marques éclatantes au siége d'Albe, Capitale du Roïaume. Plusieurs d'entr'elles voulurent aller deffendre les murailles de la place, au défaut de leurs maris qui y avoient perdu la vie. Toutes étonnerent l'armée Ottomane par l'ardeur & l'intrépidité qu'elles montrerent chacunes dans leurs postes & leurs fonctions. Une d'entr'elles ocupoit un des endroits les plus difficiles à garder, & abattoit avec une faulx la tête de chaque Turc que l'on forçoit de monter sur le Bastion pour s'en emparer.

Une autre conserva pendant trois mois la Ville de Valpon dans le même Roïaume contre les efforts des Musulmans qui mettoient en œuvre toutes les ressources de la Guerre pour s'en rendre les maîtres.

Ils éprouverent la même résistance à Agria, non loin de Valpon. Tant qu'il y eut des hommes en état de combattre sur les murailles, leurs femmes les secoururent avec un zele infatigable. Elles leur portoient de l'huile, de la poix ou de l'eau boüillantes que ceux-ci versoient sur les Turcs qui montoient à l'assaut. L'une s'avançant avec une pierre qu'elle vouloit jetter sur les Ennemis fut atteinte par un boulet de canon qui lui emporta la tête. Sa fille la voyant tomber à ses côtés, prit la pierre, la lança contre les Ennemis, courut en fureur au milieu d'eux par la bréche, en tua plusieurs, en blessa d'autres, & sacrifia sa vie à la vengeance de celle dont elle l'avoit reçuë.

Une de ses Concitoyennes combattant sur le parapet vit son gendre renversé par terre d'un coup de feu, & dit à sa femme d'emporter le cadavre pour lui rendre les derniers devoirs. « Il en est un autre plus » pressant, répondit-elle ; c'est » de deffendre la Religion & » la Patrie. Celles-ci doivent » passer devant la tendresse, & » je leur donnerai jusqu'à la » derniere goute de mon » sang ». Les Officiers qui commandoient dans la Place n'eurent point de motifs plus pressans pour animer les Soldats que de leur proposer l'exemple de ces femmes courageuses qu'ils avoient sans cesse devant les yeux.

Le siége de Ziget présenta un objet encore plus frapant. Les ordres étant donnés pour une action générale, un Officier Hongrois qui devoit s'y trouver, & qui n'espéroit pas en revenir, prit la cruelle résolution de tuer sa femme, de peur qu'elle ne fût deshonorée en tombant sous la puissance des Vainqueurs Infideles. Cette jeune épouse, moins attachée à la vie qu'à son mari, lui fit des reproches de la maniere dont il pensoit sur elle, & l'assura qu'elle vouloit l'acompagner à la gloire ou au tombeau. Elle prit un de ses habits, un cheval & des armes, & alla au champ de bataille dans le rang des Officiers. Nul d'entr'eux ne montra tant de bravoure que cette généreuse héroïne. Sans cesse à côté de son mari, elle renversoit tout ce qui se présentoit devant elle. La fureur lui donnant des forces que les hommes les plus robustes n'éprouvent presque jamais, elle combattit jusqu'à la fin de l'action avec la même ardeur, & joncha la terre de Turcs morts à ses piés. L'Officier couvert de plaïes sentoit ranimer ses forces & son courage en la

PREFACE. clxxv

voïant agir pour écarter la mort qu'elle envoïoit sur les ennemis. Mais à force de braver tous les périls elle fut enfin percée de fléches & de javelots, qui la mirent hors d'état de se soutenir. Elle se traîna avec peine sur le corps de son mari déja terrassé ; elle se jetta entre ses bras, elle recüeillit ses derniers soupirs, & les rendit elle-même un moment après.

Les autres exemples que nous pourrions citer sans fin perdroient leur éclat & leur mérite près de celui-ci, qui est porté au plus haut dégré du courage & de la tendresse conjugale. C'en est assez pour faire voir ce que peut dans le

Gouvernement des affaires & dans les dangers un sexe que l'on juge trop généralement. L'Histoire des Amazones donnera plus de jour & plus d'étenduë à cette réflexion.

HISTOIRE DES AMAZONES.

CHAPITRE PREMIER.

Du Nom & de l'Existence des Amazones.

L'ETYMOLOGIE du nom des Amazones renferme l'abregé de leur Histoire. Chez les Scythes, dont elles étoient originaires, on les nommoit (*a*) Æorpates, c'est-à-

---

(*a*) HERODOTUS. L. IV. n. 110.

Tome I.   A

dire, ennemies & alterées du sang des hommes.

Depuis que les Grecs eurent connoissance de leur société, & de leur maniére de vivre, ils en prirent sujet de les apeller *Amazones*, ou (*b*) parce que dès leur enfance on leur brûloit la mammelle droite ; ou (*c*) parce que la plûpart n'avoient aucun commerce avec les hommes ; ou (*d*) parce qu'elles ne quittoient jamais leur ceinture, simbole de la modestie & de la continence parmi les femmes des Orientaux ; ou

---

(*b*) ἄ ou ἄνευ μαζοῦ. *Sine mamma.* HIPPOCR. *de aere & aqua.* DIOD. L. III. p. 186. STRABO. L. XI. p. 504. JUSTIN. L. II. c. 4. *& alii.*

(*c*) ἅμα ζωσαις *unà secum ipsis & sine viris.* SERVIUS in L. I. Æneid. v. 494. *& alii.*

(*d*) ἅμα Ζώνα. *cum cingulo.* DONAT. in L. I. Æneid. VOSSIUS. *Etymologicon voce cestus.*

(e) parce qu'elles ne vivoient pas ordinairement de pain, mais de la chair des animaux qu'elles tuoient à la chasse; ou enfin (f) parce que leurs meres ne les nourissoient pas de lait dans leur enfance, mais d'alimens forts & communs, tels qu'elles-mêmes les prenoient, & quelquefois de miel ou de lait de jument. Le mot d'*Amazones* peut souffrir toutes ces interprétations. Néanmoins un illustre Savant (g) prétend qu'il est cor-

---

(e) ἄμαζα sive maza, sive polenta hordeacea. EUSTAT. in v. 828. DIONYS. PERIEG. v. CALEPIN. *voce amas*. PLUTARQUE nomme *Maza* une espece de mauvais gâteau dont vivoient les Lacédémoniens. *in Alcibiade*.

(f) PHILOSTRATES. Heroïca. p. 750.

(g) GRONOVIUS *Thesauri* antiq. Græc. To. I. fol. D ddd. Il veut que ce soit Ἀμιζωνης, *id est* virile. d'où vient la Ville d'Amise.

A ij

rompu; & que le véritable nom de ces femmes guerrieres marquoit une force & un courage dignes d'un sexe qui doit en faire paroître. Leur caractére fit ajoûter des noms qui y avoient raport; comme ceux de Femmes fortes, *Viragines*, redoutables, meurtriéres, habiles à dompter des chevaux, ou à lancer un trait, ou qui vivoient (*h*) de lézards & de serpens. Enfin comme elles ont habité différens endroits de l'Afrique & de l'Asie, on leur donna des noms conformes à leurs demeures. Il y eut les Africaines, les Sauromatides, les Thermodontiennes & les Ephésiennes. Nous aurons ocasion dans la suite de ra-

_____

(*h*) STEPHAN. BYZANT. & *Scholiastes.* THOMAS PINEDO. *voce Amazones.*

porter leurs différentes Epithetes, & les autres explications que l'on donne au mot d'Amazones. Mais avant que de commencer leur Histoire, il est nécessaire de prouver qu'elles ont existé & de répondre aux difficultés que l'on fait sur ce point.

Tout ce qu'on lit des Amazones n'est, dit-on ( ) qu'une Fable, qui porte les caractéres de la plus évidente fausseté. Personne ne sait au vrai quelle étoit leur origine ; on les place en des siécles où l'ignorance & la crédulité dominoient ; leur conception & leur naissance

(i) Ces difficultés sont de STRABON L. XI. p. 770. ARRIEN. L. VII. c. 13. doute de l'existence des Amazones, parce que Xenophon n'en a pas parlé dans la retraite des Dix-mille. PALEFATE. L. I. dit que c'étoit des hommes habillés en femmes.

étoient l'effet du hazard ; leur éducation ne pouvoit compatir avec la foiblesse naturelle de l'enfance ; toutes leurs actions étoient des prodiges de valeur ; la force, la bravoure, l'intrépidité faisoient leur caractére. Comment peut-on concevoir une République de femmes qui vivoient dans une intelligence parfaite, toûjours en paix parmi elles, toûjours en guerre avec les hommes ; qui n'ont d'autre goût que celui des combats, qui forment des armées nombreuses, qui subjuguent elles seules des provinces entieres ; & qui vont attaquer des peuples belliqueux au-delà des mers; enfin qui deviennent Fondatrices de plusieurs grandes villes ?

On ne dissimule pas que ces objections sont d'elles-mêmes spécieufes. Mais plus elles feroient capables d'en impofer, plus il eft néceffaire de les détruire, & de faire voir combien elles ont peu de fondement.

10. La diftance des tems, comme celle des lieux diminuë les objets, les affoiblit, les fait enfin difparoître à mefure qu'elle augmente. Il en eft dont le fouvenir ne s'efface jamais; & d'autres que leur fingularité rend incroïables après l'écoulement de quelques fiécles. Ces maximes trouvent leur vérité dans l'Hiftoire des Amazones. Il n'eft point d'Etat plus célébre, plus remarquable, plus attefté des Anciens que celui de ces illuftres Guerrieres. Des Temples, des Villes, des Contrées, des Provinces entiéres ont confervé long-tems après

elles la gloire de leur nom. Elles tiennent à des faits constans & mémorables dans l'Antiquité. Mais parce qu'il y a trop d'éloignement de tems & de mœurs, deux ou trois Ecrivains ont révoqué en doute jusqu'à leur existence. On auroit le même droit d'attaquer la certitude de ce qui s'est fait dans les âges reculés chez toutes les Nations du monde, où la différence des caractéres & la multitude des événemens ne peuvent manquer de produire de l'extraordinaire, du merveilleux, de l'incroïable. Ne sait-on pas que la nature prend autant de formes dans l'esprit humain que dans les visages & dans les plantes? En tous les genres il est des génies qui nous paroissent inconcevables pour les heureuses ou pour les mauvaises dispositions. C'est donc mal conclure que de ranger parmi les Fables Grecques tout ce que l'on dit des Amazones, parce qu'on leur donne plus de résolution, de force & de courage que l'on n'en voit communément dans un sexe, à qui les préjugés ou l'éducation ne laissent souvent que la foiblesse en partage. Le plus léger usage du monde aprend qu'il est des hommes qui sont femmes, & des femmes qui sont hommes.

2°. La singularité de vie, de mœurs & de caractére qui frape dans les Amazones n'est point une raison qui détruise leur existence. Celui qui a créé autant de prodiges qu'il a fait d'Astres dans les cieux ou de causes agissantes dans la nature, permet quelquefois à celle-ci de quitter son cours ordinaire, & de nous surprendre par des productions que nous aurions regardé comme des chiméres & des songes avant qu'elles fussent arrivées. Chaque siécle & chaque païs (*l*) ont les leurs, que l'on croit à peine en d'autres tems & en d'autres lieux. Si nous ne lisions que dans les anciens Poëtes de la Grece l'Histoire des Géans (*m*) nous la rejetterions comme une fiction Poëtique & Romanesque, imaginée pour répandre du merveilleux sur des faits très-simples & ordinaires, & cette idée nous porteroît à douter de tout le reste. C'est à peu près cel-

---

(*l*) C'est la pensée de Pline, qui s'étend fort sur ce sujet. Liv. 7. ch. 1. 2. & 3.

(*m*) Voïez les Mémoires de l'Académie des Inscript. To. I. p. 125. & To. II. p. 169.

se que le commun des hommes se forme des célébres Titans. Cependant l'Ecriture nous atteste la réalité des Géans à peu près dans le même tems & dans le même païs. Les Israëlites (*n*) que Moyse envoïa pour reconnoître la terre de Chanaan en revinrent effraiés, disant qu'ils y avoient trouvé des hommes d'une hauteur si prodigieuse, qu'on pouvoit les apeller des monstres; vrais enfans d'Enac, pere des Géans & Geant lui-même, près desquels ils ne paroissoient que comme des sauterelles. Le lit d'Og (*o*) Roi de Bazan étoit de fer, & il avoit neuf coudées de long sur quatre de large. La vertu des Psylles, dont le seul attouchement fai-

(*n*) Numer. c. 13. v. 33. & 34.
(*o*) Deuteron. c. 3. v. 11.

soit mourir toutes sortes de serpens & guérissoit les blessures venimeuses passe aujourd'hui dans l'esprit de plusieurs personnes pour une fable qu'on laisse à la crédulité des Anciens. Néanmoins les plus graves Auteurs *(p)* l'ont affirmée, & la plûpart d'après le témoignage de leurs yeux. On en peut dire autant de la Baguette pour découvrir les sources & les métaux. Les plus habiles Naturalistes n'ont pas encore compris la raison pour laquelle les Maures & quelques autres peuples très-éloignés d'eux, qui descendent comme nous de la famille de Noë, ont la chair différente de celle du reste des hom-

---

(p) HERODOT. L. 4. n. AUL. GELL. STRABO. L. 13. p. 880. PLIN. L. 7. c. 2. *& alibi.* PLUT. *in Caton. Utic.* PAUSAN. L. p. 764. LUCAN. L. 11. *fuse.* ARNOB. p. 30. *& alii.*

mes, je dis même de ceux qui habitent sous les mêmes dégrés de latitude. On pourroit citer une infinité de traits de cette espéce, où l'on voit la nature se plaire à distinguer des familles & des nations entiéres par des priviléges, & des caractéres qui étonnent toutes les autres. Ceux qui attaquent l'existence des Amazones se fondent principalement sur les prodiges que l'on en raconte, qu'ils regardent comme supérieurs à leur sexe & à l'humanité même. Toutefois ils n'ont rien qui aproche des exemples que nous venons de raporter, & qui rendent du moins probable ce que l'on dit de ces illustres Guerrieres. De part & d'autre c'est une multitude d'autorités qui doivent dissiper le pyrrhonisme.

3°. Chaque contrée a ses influences particulieres qui distinguent tout ce qu'elle porte. L'esprit & le corps humain s'en ressentent comme les plantes & les animaux. On voit dans le génie des hommes d'une même Province certains traits de ressemblance qui les caracterisent, & les déceleroient malgré eux. Les peuples des païs chauds sont naturellement portés au plaisir, à la molesse, à la tranquillité, ils sont en général de sens froid plus capables d'attention que les autres quand ils veulent s'apliquer ; & c'est parce qu'ils réfléchissent trop qu'ils se déterminent lentement, & que l'aspect du danger les effraie plus que tout autre. Ceux au contraire qui vivent dans les hauts climats du Septentrion sont d'un caractére tout opofé. Les frimats qui y regnent sans cesse resserrent les pores, concentrent la chaleur naturelle, & produisent une fermentation intérieure, qui se communique nécessairement du corps à l'esprit par la liaison intime que l'Auteur de la nature a établie entre l'un & l'autre. C'est des sens que l'ame reçoit toutes ses impressions.

Le Païs dont les premieres Amazones étoient originaires, devoit produire en elles cet effet de bravoure, d'ardeur & de férocité qui les rendit la terreur des Peuples plus méridionnaux. Elles venoient des environs du Tanaïs, & tous les Ecrivains s'accordent à nous donner des idées affreuses de ces Contrées & de l'air qu'on y respire. Un vent de

Nord (*q*), qui y fouffle la plus grande partie de l'année avec violence tient prefque toujours glacés les bords du fleuve. La campagne y eft couverte de neiges ou de gelées. Le froid & la faim y font périr les troupeaux, les chevaux & les mulets. Les hommes mêmes, malgré leurs précautions & leur dureté naturelle, font obligés d'abandonner leurs huttes, & de tranfporter fur des chariots leurs femmes & leurs enfans dans une région plus tempérée jufqu'à ce que le Ciel ait rendu la leur habitable. On ne fait fi elle le feroit pour d'autres Peuples que pour ceux qui y ont pris naiffance. Jamais les raïons (*r*) du

(*q*) Dionys. Perieg. v. 666. & feq.
(*r*) Tertull. contra Marcion. L. 1. c. 1. C'eft

Soleil ne s'y déploient dans leur pureté ; sa lumiere y est continuellement obscurcie par les vapeurs & les nuages ; sa chaleur ne pénetre point sur la terre ; l'air y est sans cesse obscurci par les broüillards ; l'hiver est la seule saison qui y domine.

La dureté des corps qui peuvent y faire leur séjour doit nécessairement se communiquer à l'esprit. Tout y respire la cruauté & la barbarie des Scythes ; & ceux qui habitoient les bords du Tanaïs, ou les environs du Pont Euxin étoient plus inhumains que tous les autres.

de là en partie que Tertullien tire le caractere barbare de Marcion. *Nihil tam barbarum ac triste apud Pontum quàm quòd illic Marcion natus est, Scytha tetrior, Hamaxobio instabilior, Massageta inhumanior, Amazona audacior, nubilo obscurior, hieme frigidior, gelu fragilior, Istro fallacior, Cauciso abruptior, &c.*

De légeres cabanes portées sur quatre rouës formoient leurs habitations, & presque tous les jours ils les changeoient de place. Par conséquent point de société, point de liaisons, point d'amitié entr'eux. La guerre, les irruptions, les violences sur les Peuples voisins étoient les seules ocasions qui les réünissoient de tems à autre. Quelques-uns (ʃ) portoient l'inhumanité jusqu'à égorger les Etrangers que le hazard avoit conduits dans leurs vastes solitudes, & à se faire un mets délicieux d'un manger que la nature abhorre. On prétend que plusieurs assaisonnoient la chair de leurs parens morts avec celle des bêtes qu'ils prenoient à la shasse, & qu'ils regardoient comme

―――――――――――――――
(ʃ) Idem, *ibidem*. Strabo. L. 7. p. 458. Justin. L. 2. c. 2. Pline. L. 7. c. 2.

DES AMAZONES.

impurs & frapés de malédiction ceux dont elle n'étoit pas mangeable. Le crane de leur pere ou d'un étranger, étoit pour eux la plus précieuse de toutes les coupes. On parle (*t*) d'une Reine des Scythes qui ne trouvoit rien de si exquis que les enfans nouveaux nés, & à qui il en falloit tous les jours sur sa table. Un Ancien (*u*) lui donne le nom de *Lamie*, & c'est d'elle qu'est venuë la fable de ces monstres voraces (*x*) que l'on apella comme elle. Le vol & l'in-

---

(*t*) ARISTOT. L. 7. Moral. c. 6.

(*u*) EUSTATHIUS *sive* ASPAS. Comment. in hunc loc. ARISTOT.

(*x*) Il en est parlé dans l'Ecriture. ISA. c. 34. v. 14. THREN. c. 4. v. 3. HORACE dit dans l'Art poëtique: *Neu pransa Lamia vivum puerum extrahat alvo.* Voïez PHILOSTRATE, vie d'Apollonius L. IV. c. 25. Il en fait une Histoire.

justice (*y*) étoient les seuls crimes connus chez les Scythes, quoiqu'ils n'en fussent pas à l'égard des Etrangers. Hors de là tout étoit permis & innocent, jusqu'aux (*z*) derniers excès de l'incontinence & de la cruauté. Ce fut sur les différentes relations d'un Païs & d'un Peuple aussi dangereux, que les Grecs regarderent la Tauride, la Sarmatie, la Colchilde & le Mont Caucase, comme le premier théâtre des horreurs & de l'inhumanité. Alors la Mer Noire, au tour de laquelle ces Provinces sont situées, étoit apellée (*a*) *inhabitable*, & l'on admira la valeur & la hardiesse des illustres

(*y*) Justin. L. 2. c. 2.

(*z*) Tertull. *contra Marcion.* L. 1. c. 1.

(*a*) Strabo L. 7. p. 458. Arrianus *Periplo Ponti* ἄξεινος & εὔξεινος; *inhospitalis, & hospitalis.*

Argonautes, qui oferent s'y expoſer pour aller enlever la Toiſon d'or. Mais inſenſiblement ſes côtes Meridionales furent policées par les Colonies Grecques, qui y bâtirent pluſieurs Villes, entr'autres celle d'Apollonie, dont les Miléſiens furent Fondateurs cinquante ans avant le regne de Cyrus. Ces régions paſſerent déſormais pour *habitables*, & on en donna le nom à la Mer Noire, qui fut apellée pour cette raiſon *le Pont-Euxin*. Doit-on s'étonner après cela que les Amazones, ſorties d'une Nation auſſi barbare, ſe ſoient reſſenties de ſa férocité? On s'étonneroit au contraire ſi elles avoient eu la modeſtie, la douceur & la timidité qui font le caractere de leur ſexe dans tous les autres Païs du Monde.

4°. Etienne de Byzance (b), après plusieurs autres, attribuë la force & le courage des Amazones à la nature des contrées qu'elles habiterent. On voit en effet que chaque Province imprime son caractere sur une partie des choses qu'elle produit. Ici c'est sur les hommes, là c'est sur les femmes, ailleurs sur certains animaux, en d'autres endroits, c'est sur les plantes. L'air, l'eau, les alimens, le suc de la terre sont plus ou moins favorables à quelqu'un de ses Sujets, & contribuent à sa perfection. L'esprit même se ressent presque toujours de ces secrettes influences. Ainsi l'on a remarqué que les Hommes sont mous & voluptueux dans les Païs où croissent

(b) STEPHANUS BYZANT. in voce Amazones.

le beaume, les parfums, les aromates; & que par une raison contraire, ils sont cruels & barbares dans les régions où naissent les bêtes féroces, telles que les Tigres, dont on dit que les Hyrcaniens succoient le lait dès leur enfance.

Parmi les différentes transmigrations des Amazones, nous verrons que le plus long séjour qu'elles firent fut sur les bords du fleuve Thermodon. Non loin de ces Contrées, quoique les Géographes (c) varient, étoit le Païs des Chalybes, célebre (d) par ses Mines de fer & d'acier. Là se fabriquoient des armes de toute espece. On n'y voioit que

---

(c) *Vide* CELLARIUM *& alios.*

(d) XENOPHON *de Exped. Cyri.* L. 5. STRAB. L. 12. p. 826. APOLLON. *Argon.* L. 2. v. 1003. *& alii.*

des instrumens de guerre, & tout ce que la cruauté des hommes pouvoit imaginer pour satisfaire l'injustice & l'ambition des Conquérans. De tels objets, qui se trouvoient sans cesse devant les yeux, joints à la qualité du Païs qui en produisoit la matiere, devoient nécessairement rendre l'ame martiale, & lui inspirer quelque chose de leur dureté. C'est une remarque faite par tous les Ecrivains (*e*) qui ont parlé des Chalybes & des Peuples qui les environnoient. D'autres

---

(*e*) AVIENUS Traducteur de Denys Periegete parle ainsi des Peuples voisins de la Colchide, Vers 944. & suivans.

aspera primùm
Bizerum gens est ; diri sunt inde Bechiri,
Macrones, Philyresque, & pernix Durateûm
gens.
Inde Tibareni, Chalybes super, arva ubi ferri
Ditia

tres (*f*) ont observé que les Nations qui possedent les mines de fer & d'acier, sont naturellement rudes, agrestes & belliqueuses. Enfin les

Ditia vulnifici, crepitant incudibus altis.
VALERIUS FLACCUS Lib. 5. v. 141. & *suiv.*
Nocte sub extrema clausis telluris ab antris
Pervigil auditur Chalybum labor. Arma fatigant
Ruricolæ, Gradive, tui ; sonat illa creatrix
Prima manus belli terras crudelis in omnes.
Nam prius ignoti quam dura cubilia ferri
Eruerent ensesque darent, odia ægra sine armis
Errabant, iræque inopes, & segnis Erynnis.

(*f*) *Bellicosi sunt apud quos ferrum nascitur. Sic in Italia Brixiani feroces & armigeri tellurem possident æris ac ferri feracissimam : & Germania metallifera plurimum bello potens cernitur ; & ad Thermodontem fluvium in Ponto Chalybes, quod agrum possident argenti venis & ferri fodinis affluentem, unà divites ac feri sunt. Quin & Amazones habent mulieres vel ipsas armipotentes.* LICETUS GENUENSIS. *De lapide Bononiensi* Cap. 1. C'est la Pierre que l'on trouve près de Bologne en Italie, dont on se sert pour une espece de Phosphore.

Tome I. B

herbes venimeuses qui croissoient sur ces côtes, & qui servoient aux enchantemens si connus des Peuples de la Colchide (g) pouvoient encore influer sur le caractere & sur les mœurs des Amazones.

5°. L'éducation & leur genre de vie y contribuoient plus que toute autre cause étrangére. Le sang, les alimens, l'exercice du corps, l'exemple, sont les principes qui constituent le tempéramment & qui forment les inclinations. Quand on réunira ces quatre objets, on ne sera plus surpris de la fierté, de la force, du courage des Amazones, de leur amour pour l'indépendance, & du mépris qu'elles avoient pour les hommes.

Il est des familles & des nations

(g) Petit. Dissert. de Amazonibus c. 13.

caractérisées par le génie, les talens, les vices & les vertus. Nous sentons en nous-mêmes des atraits, des antipathies, des dispositions qui nous dominent & nous entraînent. Inutilement voudrions-nous chercher les causes exterieures qui nous les inspirent ; ces penchans sont nés avec nous ; c'est au sang qu'il faut les raporter. Les Amazones, issuës de la barbarie des Scythes, en avoient originairement la dureté & la rigueur héréditaires. Ces sentimens prirent un nouvel essor depuis qu'elles eurent formé le plan de leur Gynécocratie. Dès lors elles résolurent de ne plus dépendre des hommes, de se gouverner par elles-mêmes, de ne reconnoître d'autre apui que celui de leur bravoure, & de se distinguer. Un tel projet paroiſſoit inſenſé parce qu'il étoit ſans exemple. Mais les hommes ne connoiſſoient pas encore à quels excès ce ſexe peut porter les paſſions violentes dans les femmes capables de s'y livrer. L'idée que nous en donne l'Eſprit Saint doit être vraïe de quelques-unes, & ce que l'on peut faire de moins eſt de l'apliquer aux Amazones. La malignité de la femme, dit le Sage (*h*) « eſt une » malice conſommée, c'eſt la moin» dre de toutes les plaies qui puiſ» ſent arriver à l'homme. Il n'eſt » point de tête plus cruelle que la » tête du ſerpent, ni de colere plus » funeſte que celle d'une femme. Il » vaut mieux demeurer avec un lion » & un dragon que d'habiter avec » elle. Dans ſes fureurs on la voit

(*h*) ECCLESIASTICI. c. XXV, v. 17. & ſeq.

» changer de visage, elle prend un
» regard sombre & farouche com-
» me celui d'un ours ; son tein de-
» vient noirâtre comme celui d'un
» habit de deüil. Son audace & ses
» violences sont capables de porter
» la confusion par tout. Elle fait la
» plus grande affliction du cœur, la
» tristesse du visage, & la plaie mor-
» telle de son mari. Elle ne manque-
» ra pas de s'élever contre lui s'il
» lui laisse prendre l'autorité domes-
» tique, parce que son orgueil la por-
» te à dominer. » Des cœurs suscep-
tibles d'un emportement aussi redoutable pouvoient entreprendre
tout ce que la violence est capable
d'inspirer, & même se flatter du
succès. Il suffisoit d'en faire la proposition pour être sûr qu'elle seroit
reçuë & executée avec ardeur. Les

premiers pas dans cette carriére flatteuse donnerent du courage; on y avança rapidement, on se regarda superieur aux hommes comme on l'étoit à tous les obstacles; on n'eut plus de goût que celui des armes; l'envie de dominer devint la premiere des passions; le fer & l'orgueil composerent le caractere, & les filles des Amazones, naquirent semblables à leurs meres, de qui elles auroient eu honte de dégénerer. C'est des grandes ames, dit ingénieusement (*i*) un Poëte, que viennent le courage & les sentimens. On voit déja dans les Taureaux & les jeunes

---

(*i*) HORAT. L. 4. *Ode* 4.

Fortes creantur fortibus & bonis.
Est in juvencis & in equis patrum
Virtus; nec imbellem feroces
Progenerant Aquilæ columbam.

chevaux la force de ceux dont ils font sortis, & vainement on chercheroit de foibles colombes dans l'aire d'une Aigle.

On avoit soin de fortifier ces inclinations naturelles des jeunes Amazones par les alimens dont on les nourissoit. Au lieu du lait que la nature répand dans le sein des meres pour les enfans qu'elles mettent au monde, & qui n'est destiné qu'à cet usage, les Amazones donnoient à leurs filles au berceau (*l*) du lait de jument pour leur en inspirer l'ardeur, l'amour & la vivacité guerriere; comme aussi pour n'en être point embarassées s'il falloit se mettre en campagne pour quelque expédition. Elles y joignoient une es-

---

(*l*) PHILOSTRAT. *Hercic.* c. 19. p. 759. *vide & notam Olearii.*

péce de manne, ou de rosée figée, qu'elles ramassoient les matins sur l'extrêmité des herbes & des fleurs, & que l'on trouve assez abondamment dans les contrées voisines du Pont Euxin, qui les forme par ses vapeurs. Le plûtôt qu'il étoit possible, les meres sévroient leurs enfans de cette nouriture foible & délicate, mais indispensable. Ce n'étoit pas pour lui substituer celle du pain & des tourteaux, qui fait la subsistance ordinaire de l'humanité, je dis même parmi les Scythes; on assure (*m*) que les Amazones n'en faisoient presque point d'usage. Elles vivoient indifféremment (*n*) des oiseaux & des

---

(*m*) EUSTAT. in v. 828. DIONYS. PERIEG.

(*n*) HERODOT. L. IV. n. 13. JUSTIN. L. II. c. 2.

bêtes sauves qu'elles prenoient à la chasse, sans excepter ces reptiles venimeux (*o*) qui nous font horreur, tels que les lezards. Il est à croire que ceux du Pont étoient plus gros que les nôtres. On prétend que les yeux agards des Amazones ressembloient en quelque chose aux taches vertes qui sont sur le dos de ces animaux. Le venin dont leur chair est infectée ne produisoit aucun effet sur des personnes qui y étoient acoûtumées dès l'enfance. Il seroit aisé de citer plusieurs exemples d'hommes familiarisés de longue main avec le poison. Mithridate Eupator, dernier Roi de Pont, en avoit pris si souvent, qu'il cessa de lui être une

(*o*) STEPHANUS. voce, *Amazones*; cum notis Scholiasta THOMÆ DE PINNEDO. COELIUS RODIGIN. p. 327.

ressource (p) pour s'ôter la vie de peur de tomber entre les mains de Pompée. Il fut obligé d'avoir recours à son propre fer & à celui d'un de ses soldats. Peut-être les Amazones avoient-elles comme ce Prince quelqu'antidote particulier dont elles se servoient habituellement. Leur sang ne pouvoit manquer de se ressentir de celui qui faisoit leur nourriture. Il devoit en avoir le feu, l'aigreur & la cruauté. Nous avons dans l'Histoire deux traits mémorables, qui confirment ce principe déja averré par l'expérience.

Le premier est celui de la célébre Atalanta dont toute la Gréce

(p) Dio. Cass. L. 37. Florus. L. 3. c. 5. Val. Max. L. 9. c. 2. Plin. L. 25. c. 2. Appian. Mithrid. p. 248. & alii.

retentit. Jasion son pere (*q*) ne voulant point élever de filles, & n'étant pas assez inhumain pour la voir égorger sous ses yeux, au moment qu'elle venoit de naître, l'envoïa exposer sur le mont Parthenius (*r*) en Arcadie sur le bord d'une fontaine, près de laquelle étoient un antre & un bois planté de chênes. L'enfant ainsi abandonné reçut du secours d'où l'on ne devoit naturellement attendre qu'une mort plus prompte & plus cruelle. Une Ourse, à qui des chasseurs avoient enlevé ses petits se sauva dans l'antre à l'ouverture duquel étoit Atalanta. Au lieu de dévorer l'enfant, elle

---

(*q*) ÆLIANUS. *var. Hist.* L. 13. c. 1. HYGIN. l'apelle SCHOENEUS. Fab. 185.

(*r*) C'étoit la plus haute montagne du Péloponese.

lui donna par inſtinct à tetter le lait qu'elle avoit en trop grande abondance, & qui commençoit à l'incommoder. Elle s'attacha à Atalanta, elle en prit ſoin, & la nourit juſqu'à ce qu'elle fût en état de ſe procurer à elle-même ſa propre ſubſiſtance. Les herbes & les racines ſauvages furent les ſeules reſſources que ſa ſituation lui offrit. L'âge & le beſoin lui inſpirérent la chaſſe des animaux, elle en mangea la chair cruë, & le hazard lui aïant fait trouver du feu, elle s'en ſervit pour rendre cette nouriture plus humaine. Des pâtres l'aïant rencontrée l'emmenerent dans leur cabane par compaſſion, & la gardérent quelques années. Mais le lait qu'elle avoit ſuccé, & la vie agreſte qu'elle avoit menée dès ſa premiére enfance la dégoutérent de la societé des hommes. Elle s'échapa pour retourner dans son antre, où elle reprit son premier genre de vie, cultivant différentes sortes de plantes qui pouvoient la lui rendre plus douce, & y supléant par les fruits de son arc, qui lui donnoit la nouriture & le vêtement. Elle aquit dans l'exercice continuel de la chasse une si grande légéreté, qu'il n'y avoit point de bêtes sauvages qu'elle ne pût ateindre à la course, ni d'hommes capables de la suivre quand elle vouloit s'échaper de leurs mains. C'est ce qui lui fit donner le nom de (ſ) *Celeripes*. Un corps robuste, une tail-

(ſ) On peut voir la Médaille qu'en rapporte Gronovius *Antiq. Græc.* to. I. fol. O, oo, & ce qu'il en dit.

le bien proportionnée, un visage plein de feu, des mœurs aussi extraordinaires rendirent Atalanta célèbre dans tout le Péloponése. Elle devint un objet d'émulation (*t*) pour les jeunes gens qui cherchoient à se distinguer; plusieurs entreprirent de la vaincre en l'humanisant. Tous eurent la honte de se voir vaincus, excepté Hippomene, ou plûtôt Milanion à qui elle s'attacha enfin, & avec lequel elle fut dévorée par un lion qui se jetta dans l'antre qui leur servoit de retraite.

Le second exemple des effets d'une éducation agreste est celui de

---

(*t*) Joignez HYGIN. Fab. 185. avec PALEFATE L. I. *in Atalanta & Milanione*. CALLIMACH. *in Dianam*. OVID. *Metam*. L. X. SIDON. APPOLLINAR. *i Panegyr. ad Artemium*. DIODOR. L. 4. & LILIO GIRALD. *varia critica Dialogismo* XX. Celui-ci distingue trois Atalantes.

la fameuse Camille Reine des Volsques. Métabus (*u*) son pere chassé de ses Etats par la haine de ses sujets qui n'en pouvoient plus suporter la tyrannie, l'emporta avec soi pour lui servir de compagnie & de consolation dans son exil. Depuis qu'il se fût dérobé à la fureur d'un peuple qui le poursuivoit, il n'habita point dans les Villes, dont son caractere féroce lui faisoit détester les loix. Il finit ses jours dans des montagnes reculées, menant une vie rustique, nourissant sa fille avec le lait d'une jument sauvage, & l'élevant dans les bois, au milieu des bêtes féroces. Dès qu'elle fut en état de marcher, il lui mit les fléches en main & le car-

_____

(*u*) VIRGIL. Æneid. L. II. v. 532. & seq.

cois sur les épaules. Celle que la naissance sembloit avoir destinée à vivre dans la splendeur du palais, n'eut d'autre vêtement que la peau d'un Loup, qui depuis la tête lui pendoit sur le dos, & lui tenoit lieu de ces rubans de fil d'or dont les Princesses noüoient leurs cheveux, & de ces robes traînantes qui font une partie de leur ornement majestueux. Ses mains s'exerçant à lancer des fléches selon son âge, & à faire tourner la fronde au tour de sa tête, elle abatoit de l'une & de l'autre maniére les oiseaux au vol & les bêtes à la course. On disoit (x) que sa vitesse ressembloit à celle de l'air, & qu'elle auroit pû marcher sur les flots de la mer sans

(x) Idem. L. 7. v. 803. & seq.

que les eaux eussent moüillé ses piés. Les jeunes gens quittoient leurs maisons pour la voir dans la campagne, & les femmes ne pouvoient se lasser de considerer son air & sa démarche, qui faisoient l'objet de leur admiration. Ainsi endurcie au travail & aux fatigues de la guerre, elle (*y*) se voua à Diane, conserva sa virginité sans tache, & se borna à la profession des armes. Les Volsques, instruits de la réputation qu'elle s'étoit faite dans toute l'Italie, la suplierent de remonter sur le trône dont ils avoient obligé son pere de descendre. Ils se soumirent à ses loix, elle les mena à la guerre de Turnus contre Enée & les Latins, où elle fut tuée en trahison par A-

---

(*y*) Idem. L. 11. v. 582. & *seq.*

runs après avoir fait des prodiges inconcevables de force & de valeur. Son Historien remarque que cette espéce d'Amazone combattoit le casque en tête, & la moitié du sein découverte pour avoir le bras droit plus en liberté. Tantôt elle lançoit une grêle de traits sur l'ennemi ; tantôt la hache à la main, elle frapoit tout ce qui se trouvoit devant elle sans se lasser. Si quelquefois il étoit nécessaire de se battre en retraite, elle décochoit ses fléches par derriere avec autant d'adresse que les Scythes & les Parthes. Ses compagnes qui étoient autour d'elle répondoient à sa bravoure & faisoient le même carnage, quoiqu'elles ne fussent armées que d'une petite hache garnie d'airain. Elle les avoit choisies pour les avoir toûjours à ses côtés, soit qu'elle fût en paix, soit que l'honneur ou l'état de son Roïaume demandassent qu'elle allât à la guerre.

Mais il n'est pas nécessaire de recourir à des Antiquités étrangéres pour montrer les effets de la premiére nouriture & de l'éducation sur le temperamment. Le lait d'une nourice influë presque toûjours sur le caractére d'un enfant. Ses vices ou ses vertus s'insinuent jusques dans les veines & se fortifient avec l'âge. C'est à ce principe secret & naturel qu'il faut pour l'ordinaire attribuer les défauts, les bisarreries, la grossiereté, l'humeur & les mauvaises inclinations que l'on voit dans certains sujets qui dégénerent du reste de leur famille. L'expérience aprend encore le mal que produit la délicatesse de l'éducation. Une tendresse mal conçue fait croire qu'on ne peut avoir trop de soin & d'attention pour ménager la foiblesse d'un enfant, & on l'amollit au contraire par cette fausse esperance de le fortifier. Déja il a perdu sa force & son embonpoint quelques mois ou un an après qu'on l'a retiré d'entre les bras d'une nourice, qui en le traitant avec moins de molesse, l'avoit rendu fort & robuste autant que son âge pouvoit le permettre. Mais on détruit tout en changeant la maniére de le gouverner. C'est une conduite & un mal qui se font plus généralement remarquer dans la Capitale du Roïaume que dans tout autre endroit du monde. Une vigilance moins inquiéte, plus de solidité dans les alimens, formeroient des corps aussi sains & aussi robustes à Paris qu'ils le sont à la campagne, où l'enfance n'a communément pas d'autre nouriture que l'âge fait. Si nous le voïons tous les jours, pourquoi ne croirons-nous pas que la même cause a produit le même effet parmi les Amazones, dont l'origine & les mœurs avoient toute la barbarie des Scythes, sur lesquels elles encherissoient encore, au raport de tous les Anciens.

L'exercice est un troisiéme principe qui décide du corps, & même du caractere de l'esprit. Je sais que la disposition favorable des organes contribue beaucoup aux opérations de celui-ci. Mais il faut aussi reconnoître que l'étude & l'aplication sont un moïen sûr de réformer les organes & de perfectionner l'esprit. Il pénetre enfin dans les matieres sur lesquelles il ne se lasse point de réfléchir, & nous voïons tous les jours des personnes, qui nous avoient paru stupides, arriver par leur travail au plus haut dégré des siences. Il en est de même du corps. Quelque foible qu'il paroisse, il se fortifie & s'endurcit par l'exercice. Un (z) Philosophe, qui a mérité par sa sagesse le surnom de Divin, veut que pour former une République parfaite on aplique les hommes & les femmes dès leur enfance aux mêmes fonctions. Il prétend que la différence du sexe n'en doit point aporter

---

(z) Plato. *de Rep.* L. 5.

dans les ocupations & dans la fatigue, & il prouve l'effet que produiroit cette maxime par l'exemple des animaux qui font deſtinés à la chaſſe ou à la courſe. On les éleve, chacuns dans leur eſpece, de la même maniere, ils deviennent également forts; & ſouvent on voit plus d'ardeur & de vivacité dans les chiennes & les jumens que dans les chiens & les chevaux. Galien (1), & après lui les maîtres de ſon art, ont remarqué que les femmes avoient quelquefois le poulx plus vif & plus fréquent que les hommes, & le ſang plus agité; d'où ils concluent qu'elles ſeroient capables de la même force & de la même action, ſi on ne les bornoit à des ouvrages, dont la douceur &

___
(1) GALENUS de Cauſis Pulſuum. L. 3.

la foiblesse énervent les ressources que la nature leur a données. Pour s'en convaincre, il ne faut que jetter les yeux sur celles qui sont nées dans le bas état. On les voit soulever & porter les mêmes fardeaux que les hommes, & soutenir aussi longtems le poids des travaux les plus fatiguans. Ce n'est pas à une nouriture délicate, exquise, recherchée que l'on atribuera cette force de corps & de tempéramment. C'est aucontraire à des alimens communs & à l'habitude du travail, où la nécessité les a réduites dès que l'âge a permis de les y engager.

Cette éducation pénible & laborieuse n'a cependant rien qui aproche des premieres années des Amazones. A peine avoient-elles la force de soutenir l'arc qu'on le leur

leur mettoit entre les mains, & qu'on les menoit dans les montagnes & les forêts à la chasse des bêtes féroces. C'étoit une Loi parmi elles d'acheter chaque jour leur repas (*b*) par les fatigues & par la sueur, tantôt à la course pour s'exercer le corps, tantôt à domter des chevaux. On les acoutumoit ainsi au dur métier de la Guerre, qui faisoit l'objet chéri des Amazones. Il n'est donc ni impossible ni étonnant qu'elles en aient soutenu les travaux avec autant de constance que les hommes les plus robustes & les plus belliqueux, puisqu'elles étoient nées naturellement guerrieres, & que le principal soin de

―――――――――
(*b*) Dionys. Perieg. v. 1046. *& seq.* Diod. L. 2. p. 63.

leurs meres étoit de cultiver en elles ces dispositions.

L'exemple & les sentimens qu'on leur inspiroit achevoient ce que la nature avoit commencé. Ennemies déclarées du Gouvernement des hommes qu'elles méprisoient (c) & haïssoient souverainement, elles n'avoient en vuë que les moïens de se maintenir dans l'indépendance ; & pour cet effet, il falloit se mettre au-dessus d'eux par la force, le courage & l'intrépidité. L'origine de leur séparation & de leur état, la crainte de retomber sous la puissance d'un Roi, une mammelle coupée ou brûlée dès l'enfance, un Roïaume qui se faisoit redouter de toutes les Nations, l'idée d'être des-

(c) Justin. L. 2. c. 4.

cenduës du (d) Dieu Mars avertissoient sans cesse les jeunes Amazones de ce qu'elles devoient faire pour soutenir la gloire de leur Nation, & elles s'y portoient avec tout le zele qu'elles voïoient dans leurs meres. Ainsi se perpétuoient & se fortifioient parmi elles la bravoure & toutes les vertus guerrieres.

De tous ces principes, tirés de la Nature, & de l'Histoire, il s'ensuit donc que l'existence des Amazones n'a rien d'impossible en elle-même. La Nation dont elles faisoient partie, le Païs qu'elles habitoient, le le sang qui couloit dans leurs veines, l'éducation qu'on leur donnoit, l'exemple qu'elles avoient sous

---

(d) DIONYS. PERIEG. v. 652. & seq APPOLLON. RHOD. Argon. L. 2. v. 992. DIOD. L. 2. p. 128.

les yeux, devoient nécessairement les rendre telles que l'Antiquité les a dépeintes. Il ne reste à résoudre que la derniere partie de l'objection, qui ataque la possibilité du Gouvernement Gynecocratique, & dans laquelle on voudroit prouver qu'un Etat ou un Roïaume conduit par des femmes ne pourroit subsister longtems.

Cette difficulté aparente n'est pas plus difficile à lever que la premiere. Soit que l'on considere un Roïaume jouissant des douceurs de la paix, soit qu'on le supose agité par les troubles de la Guerre, les femmes peuvent également le conduire dans l'une & l'autre de ces situations.

10 La Loi Salique qui les a excluës du Trône des François leur a

fait perdre dans notre esprit une partie de l'estime que plusieurs d'entr'elles mériteroient à juste titre, & le fruit des avantages qu'elles pourroient avoir reçûs de la nature. Indépendamment de la politesse & des bienséances convenables, peut-on dire que leur sexe est dépourvû de la sagesse, de la prudence, des lumieres & de la politique nécessaires pour gouverner ? La passion, l'ignorance, la partialité se manifesteroient trop évidemment. On a vû de tous les tems & nous voïons tous les jours des maisons, des biens considérables, des terres, des campagnes, des affaires mêmes difficiles parfaitement conduites par des femmes. Ce n'est pas le plus grand nombre, dira-t-on ; on cite comme des merveilles extraordinaires celles qui sont douées de ces talens. Je le veux. Mais les hommes d'esprit & de tête sont-ils le plus grand nombre, & parmi ceux que l'on regarde comme tels avec fondement, voudroit-on avancer que tous indifféremment sont dignes de tenir les rênes de la Monarchie ? Sans doute qu'il y auroit encore bien du choix entre ceux à qui l'on voudroit confier le Sceptre ; & après qu'on auroit mis le plus sage sur le Trône, on voudroit encore avec raison lui donner des Ministres éclairés qui l'aideroient de leurs conseils, & ausquels on exigeroit qu'il déférât, ne pouvant tout voir, ni tout faire par lui-même. Il seroit contre toute vraisemblance de dire qu'il ne se trouveroit pas des femmes capables de régner avec le même secours & aux mêmes conditions. Aspasie donnoit publiquement à Athènes des leçons de politique, & forma les plus grands hommes de son siécle pour le Gouvernement (e).

2°. Nous sommes presque les seuls qui en jugions aussi peu favorablement, quoiqu'on lise dans l'Histoire de notre Monarchie des exemples de Régences, aussi célébres que le regne des plus grands Rois. L'expérience avoit apris aux autres Nations à penser différemment. Sémiramis fit voir aux Assyriens qu'une femme est capable d'assurer les fondemens d'un Empire nouvellement établi & très-étendu. Elle

(e) Voïez BAYLE sur l'Article de PERICLE'S. Remarque O.

(f) fut entretenir les troupes dans toute la sévérité de la discipline militaire à laquelle Ninus les avoit formées, elle continua le cours brillant de ses exploits, elle acheva d'embellir Ninive & Babilone, & si l'Histoire n'a pas confondu les noms, c'est à la même Princesse qu'il faut atribuer ces Jardins célébres & ces ouvrages immenses de Ponts, de Quais, d'Edifices publics, de Palais, de Temples qui rendoient Babilone la Merveille de l'univers. La Reine de Saba montroit la beauté de son génie en admirant la sagesse de Salomon qu'elle alla consulter. Le grand Cyrus, vainqueur des armées de Crésus, de celles des Assyriens, & de Baltasar, fut vain-

(f) D'ODOR. L. 2. c. 2, 4. 5.
JUSTIN. L. 1. c. 2.

cu (*ff*) par Tomyris Reine des Maſſagetes. Nitocris régna (*g*) ſeule en Egypte, & y donna de ſi grands traits de ſa ſageſſe, que les Egyptiens l'honorerent du nom d'Iſis, la premiere de leurs Reines. Ils la regarderent comme la plus illuſtre des Légiſlatrices; ils lui décernérent les honneurs divins; ils voulurent par eſtime & vénération pour elle que les femmes euſſent le même droit que les hommes à la couronne, & que les maris promiſſent avant leurs nôces d'être ſoumis en tout à la volonté de leurs épouſes. Il eſt vrai que cette derniere loi fut abrogée par l'uſage, mais celle qui ouvroit

(*ff*) HEROD. L. 1. JUSTIN. L. 1. c. 8. DIOD. L. 2. p. 128.

(*g*) DIOD. L. 2. p. 7. 13. APOLLODOR. *Biblioth.* L. 1. P. 1. EUSEB. *Chronic.* SYNCELL. p. 54. & 55. PLIN. L. 6. c. 7.

C v

aux Princesses l'entrée du trône subsista jusqu'à l'extinction de toute Monarchie chez les Egyptiens, puisque Cléopatre fut la derniere qui en porta la couronne, & qu'elle représenta (*h*) à Jules Cesar (*i*) les prétentions légitimes qu'elle y avoit. Avant elle, Cléopatre, mere de Ptolémée Lathyre, n'étoit pas moins redoutée à la guerre (*l*) que les plus habiles Généraux ; & c'étoit pour marquer sa force & son courage qu'elle se fit graver sur les

(*h*) LIVIUS. EPITO. CXI. FLORUS. L. 4. c. 2. PLUT. *in Cæsare* p. 156. & *in Anton.* p. 399.

(*i*) LUCANUS L. 10. v. 90.
                Non urbes prima tenebo
Fœmina Niliacas ; nullo discrimine sexûs
Reginam scit ferre Pharos ; sic lege vetusta
Sancitum est, dudum cœpit regnare Nitocris.

(*l*) HISTOIRE DES EMPIRES. to. VI. p. 285. & VAILLANT *Hist. Numismat. Ptolem.* p. 120.

monnoïes avec les dépoüilles & la trompe d'un Elephant, qui lui couvroient la tête. Nous n'ajoûterons ici qu'un seul exemple, pour faire voir ce qu'une femme animée peut dans les combats sans y porter le titre de Reine, ni avoir eu l'éducation des Amazones, Cratesipolis femme d'Alexandre fils de Polysperchon. Lorsqu'elle vit son mari parmi les morts & son armée défaite, elle (*m*) en ramassa les débris, elle releva les courages abatus, & se mit à la tête des troupes qui lui restoient. Déja elle étoit regardée des soldats comme une femme en qui résidoit l'esprit d'un Héros, & qui avoit les qualités d'un Général acompli. Elle les con-

---

(*m*) DIODOR. L. 19. p. 705.

noissoit tous, elle apaisoit leurs différens, elle ne dédaignoit pas de penser leurs plaies, elle consoloit ceux qui avoient du chagrin, elle faisoit du bien à tous. Outrée de voir les Sicyoniens abandonner son parti parce qu'ils ne la croïoient pas en état de se défendre, elle forma le siége de leur ville, elle y rentra de force, elle y fit mettre en croix trente des plus distingués, & gagna tellement l'estime & la confiance des troupes, qu'elles coururent désormais tous les hazards pour mettre sa personne à couvert. Des traits de cette nature ne sont point rares dans l'Histoire. Mais il nous suffit de dire que le Dieu des armées se servit en differens tems de Débora & de Judith pour délivrer son peuple des ennemis qui l'ataquoient, & qui le menaçoient d'une ruine prochaine.

Si des femmes ordinaires font capables de montrer tant de sagesse, de force & de bravoure, que devoient donc être les Amazones, acoûtumées dès le bas âge à vivre indépendantes des hommes, à craindre plus que toutes choses un changement d'état, à manier l'arc, la lance & le bouclier, pour conquérir ou pour se défendre ? Un peuple entier qui se borneroit à un objet ou à un seul exercice surprendroit certainement & effaceroit en ce genre toutes les Nations du monde. Il n'y a donc point d'impossibilité qu'elles aient formé un Roïaume, qu'elles l'aient gouverné long-tems & qu'elles se soient rendu la terreur de ceux qui les environnoient.

Mais le témoignage des Médailles forme une preuve sans réplique. S'il n'y avoit jamais eu d'Amazones, comment les verroit-on si souvent sur les Monnoies de Smyrne, de Thyatire & d'autres Villes aussi connuës ?

Enfin on ataque (*m*) l'Histoire des Amazones par leurs propres noms, dont la plûpart sont Grecs, tels que ceux d'Ocyale, de Dioxirpe, d'Iphinome, d'Hippothoë, d'Agaré, de Theseis, d'Hippolite, de Climene, de Penthesilée & plusieurs (*n*) autres, quoiqu'elles fussent originaires du païs des Scythes, & qu'elles ha-

(*m*) M. DACIER en différens endroits de sa traduction des Vies de Plutarque, surtout dans Thésée.

(*n*) On les trouve raportés dans HYGIN. *fab.* 163. dans PALEFATE & plusieurs Poëtes Grecs.

bitassent les bords du Pont Euxin, où les Grecs n'avoient point encore de Colonies. D'où l'on conclut que tout ce qui s'en dit n'est qu'une Fable imaginée par la licence & la fiction des Poëtes anciens.

On regarde ce raisonnement comme une démonstration, & rien n'est moins solide. 1°. Il iroit à détruire toute l'Histoire de la guerre de Troye, parce qu'Homere & les autres ont donné des noms Grecs aux principaux Troyens qui s'y trouverent, tels que Priam, Hector, Andromaque, Astyanacte, Polydore & Enée. Cependant on ne peut révoquer en doute le fond de ce siége célébre, sans acuser d'illusion tous les Poëtes, tous les Historiens, tous les Chronologistes de l'Antiquité. 2°. Ces noms empruntés ou défigurés viennent originairement des Poëtes, qui ne pouvoient faire entrer dans leurs vers des mots Scythes & barbares, sans quantité, sans harmonie, & dont la dureté choquoit la douceur de la langue Grecque. 3°. En donnant des noms aux Amazones, ils imitérent leur illustre modéle qui en avoit fait pour les Troyens. Ils les ont formés (*o*) d'un attribut, d'une perfection, d'un talent, ou d'un trait d'Histoire qui avoient du raport à celle des Amazones, comme ceux d'Hector & d'Astyanacte, caractérisoient deux illustres Troyens, ainsi que Platon (*p*) l'a remarqué en touchant un sujet semblable à celui que nous

---

(*o*) PETIT *Dissert. de Amazon.* c. 41.

(*p*) PLATO *in Cratylo.*

traitons. 4°. Herodote & Xenophon ont pris la même licence, l'un en écrivant la guerre de Xercès en Gréce, l'autre la retraite des Dix-mille, deux événemens dont on ne peut ataquer la réalité. 5°. Le changement de noms a été de tout tems en ufage dans chaque nation du monde. Le Roi d'Egypte (*q*) donna à Jofeph celui de *Sauveur*, ou, felon le texte original, celui de *Sage Interprete des Songes*. Le Roi de Babylone impofa (*r*) aux trois jeunes Hébreux élevés à fa Cour des furnoms Chaldéens. Les Grecs (*f*) ont fubftitué le nom de Deucalion

---

(*q*) Genes. c. 41. v. 45.

(*r*) Dan. c. 1. v. 7.

(*f*) Joseph. Antiq. L. 1. c. 6. Philo. *De præmiis & pœnis*. S. Justin. Apolog. 1.

à celui de Noë, & César a latinisé les noms barbares des Rois & des Peuples des Gaules & de la Grande Bretagne. Seroit-on fondé à regarder toutes ces personnes comme des sujets fabuleux, parce qu'elles ont reçû des noms nouveaux ? Ce changement ne détruit donc pas plus leur réalité que celle des Amazones.

CHAPITRE II.

De l'Origine, du tems & des mœurs des Amazones.

LA manière dont l'origine des Amazones est racontée & les circonstances qui l'acompagnent mettent le dernier dégré de certitude à leur Histoire, qui s'acorde parfaitement avec celle de plusieurs autres Nations, dont les tems nous sont connus d'ailleurs. Justin (*t*) en remontant jusqu'à l'établissement de la premiere Monarchie, nous aprend qu'avant Ninus, Vexoris, Roi de quelque Dynastie de la basse

_____
(*t*) JUSTIN L. I. C. I.

Egypte, porta ses conquêtes en Asie jusques sur les bords du Pont Euxin, moins pour agrandir son Empire, que pour mériter la gloire d'avoir vaincu différens Peuples. Voïant que tout avoit cédé à la force de ses armes, il envoïa des Héraults (*u*) dans le païs des Scythes, pour leur ordonner de le reconnoître comme les autres en qualité de vainqueur. Déja le caractére fier & belliqueux de cette Nation étoit formé tel qu'on le vit dans la suite. Tanaïs, qui y regnoit alors répondit aux Heraults, que Vexoris, Souverain d'un Roïaume opulent, manquoit de prudence de venir si loin déclarer la guerre à des hommes

―――――――――――
(*u*) Idem. L. 2. c. 3. JORNANDES. *De rebus Geticis* c. 5.

qui ne possédoient que le simple nécessaire, & rien de ce que l'ambition & la jalousie des autres peuvent désirer. Qu'il feroit mieux de veiller à la sûreté & à la tranquillité de ses Etats. Que les événemens de la guerre étoient toûjours douteux: Qu'en la faisant aux Scythes, il n'avoit rien à atendre de la victoire, mais qu'il devoit tout craindre de sa défaite. Il lui fit dire que s'il apfochoit plus près de leurs frontieres, ils n'atendroient pas qu'il y fût entré; que l'espoir du butin leur feroit prendre les armes, & qu'ils iroient au devant de lui sans qu'on pût les arrêter. Vexoris aïant pris ce discours pour des menaces d'ostentation voulut continuer sa marche & s'avança dans le païs par des marques d'hostilité. Aussi-tôt les

Scythes se rassemblérent, marchérent en foule contre lui, & l'effraïérent tellement, qu'il abandonna son armée, & reprit à la hâte le chemin de l'Egypte. Ses troupes, qui devoient leurs conquêtes, moins à leur propre valeur qu'à la foiblesse & à la timidité des peuples qu'elles avoient surpris, firent taillées en pieces, & dissipées de maniére qu'elles n'osérent plus se réünir; leurs dépoüilles firent la proïe des vainqueurs. Excités par les richesses qu'ils avoient trouvées dans leur camp & par le desir de la vengeance, ils poursuivirent Vexoris jusques dans son Roïaume, résolus de l'en chasser. Mais ils furent arrêtés par les canaux du Nil & par les marais de la basse Egypte, & ils revinrent sur leurs pas. La facilité avec laquelle ils avoient traversé tant de Provinces, presque sans trouver aucune résistance, leur en fit entreprendre la conquête. Quelques années de courses & de ravages les rendirent maîtres d'une grande partie de l'Asie, à laquelle ils imposérent un léger tribut, plûtôt pour servir de monument à leurs victoires, que comme un joug qui fût onéreux à ceux qu'ils avoient vaincus. Ils ne retournérent dans leurs païs qu'aux instances de leurs femmes, qui, ennuïées de la longueur de cette absence, les envoïérent menacer d'aller chercher des maris chez les peuples voisins, s'ils ne revenoient incessamment.

L'Asie fut donc tributaire des Scythes pendant plusieurs siécles, jusqu'à ce que Ninus en fît la conquête (*x*) par ces heureux exploits qui établirent le grand Empire d'Assyrie. Jusques-là tout s'acorde parfaitement avec les meilleurs Chronologistes, pour le tems auquel ils placent la fondation de cette Monarchie, environ 1720. ans avant J. C. On lit d'ailleurs dans un Ancien (*y*) que Tanaïs étoit contemporain de Sarug, né 465. ans auparavant, ce qui remplit à peu près les siécles de la domination des Scythes dont parle Justin, en réformant l'erreur manifeste qui s'est glissée dans le texte.(*z*)

(*x*) Diod. L. 2. *initio* Justin. L 1. c. 1.

(*y*) Herman. contractus, *sub* Rehu. & S. Clem. d'Alexandrie disent que Tanaïs fut le premier Roi de Scythie, & que c'est de lui que vint le nom du fleuve Tanaïs. Stromat. L. 1. Jornandes. *De rebus Geticis.* c. 5.

(*z*) Il y a mille *quingentos annos*; ce qui ne

La

La suite des révolutions qui nous conduisent à l'Histoire des Amazones cadre avec la même justesse. Ilinos (*a*) & Scolopite deux jeunes Princes du Sang Roïal des Scythes, furent chassés de la Cour & du païs par la faction de quelques rivaux qui aspiroient à la Couronne. Forcés de se retirer dans une terre étrangére, ils emmenérent avec eux une nombreuse jeunesse touchée de leurs malheurs ; & passérent dans la Sarmatie Asiatique, au-dessus du Mont Caucase, d'où ils firent des courses sur les Provinces voisines du Pont Euxin. Mais les Peuples qui l'habitoient ne pouvant soutenir

peut être vrai dans aucun sistême de Chronologie.

(*a*) Justin. L. 2. c. 4.

leurs violences & leurs usurpations, se jettérent sur eux dans le tems qu'ils s'y attendoient le moins, & les massacrérent sans pitié.

Ce carnage affreux donna ocasion à l'origine des Amazones. Les femmes de ces victimes infortunées de leurs propres usurpations, se crurent menacées d'un sort aussi fatal. Chassées de leur patrie, & privées de leurs maris, elles prirent une résolution que le désespoir leur inspira. Ce fut de démeurer unies entr'elles, de se choisir (*b*) une Reine, & de former un Etat jusqu'alors inconnu dans l'Univers. Depuis ce jour elles embrassérent la profession des armes; elles s'exercérent à manier l'arc, la lance &

(*b*) *Ibidem* & JORNANDES, *De rebus Geticis.* c. 7. & *seq.* DIODOR. L. 2. p. 128.

le bouclier ; elles se livrérent à tout ce qui est du ressort des fonctions militaires. L'ardeur avec laquelle elles s'y portérent donna un prompt succès à leur entreprise. Elles devinrent bien-tôt formidables à ceux qu'elles avoient apréhendés ; elles s'assurérent la possession du païs où elles se trouvoient ; dans peu elles étendirent les bornes de leur domination. Redevables à leur seule bravoure de ces prosperités rapides & flateuses, elles se persuadérent qu'elles n'avoient pas besoin du secours de leurs maris pour se soutenir. Elles massacrérent ceux qui étoient échapés à la fureur des Sarmates, & elles renoncérent pour jamais au mariage ; ne le regardant plus comme le lien d'une societé douce & nécessaire, mais comme une servitude & un esclavage indigne d'elles. L'envie de perpétuer une République qu'elles avoient si glorieusement établie les mit dans l'obligation de recourir quelquefois aux hommes. Elles se firent une loi d'aller tous les ans pendant deux mois sur les frontieres des Provinces voisines ; d'y apeller les habitans, de se livrer à eux sans choix ni attachement, & de retourner ensuite dans leurs demeures. Pour montrer que ce n'étoit point par amour pour eux qu'on les recherchoit, il falloit en avoir tué trois (c) avant que de pouvoir faire le voïage. Les enfans mâles qui naissoient de ce commerce de bruta-

---

(c) HEROD. L. 4. n. 117. HIPPOCR. *de aëre & aqua.*

lité, ainsi que le nomme (*d*) Cedrene, éprouvoient en voïant le jour, la haine & la cruauté de leurs meres. Quelques-unes avoient la barbarie (*e*) de les étouffer, d'autres leur (*f*) tordoient les bras & les jambes pour les rendre incapables des exercices militaires ; les plus humaines les renvoïoient à leurs peres (*g*).

Les filles étoient le seul objet de leur attention. Destinées à succéder aux fonctions des Amazones, on commençoit par leur endurcir le

(*d*) CEDRENUS *Annal.* p. 127.

(*e*) JUSTIN. L. 2. c. 4.

(*f*) DIOD. L. 2. p. 128. STEPHAN. BYZANT. voce *Amazones.*

(*g*) STRABO. L. 11. p. 770. Q. CURT. L. 6. c. 5. JORNANDES, *de rebus Get.* c. 8. PHILOSTRAT. *Heroïc.* c. 19.

D iij

tempéramment & leur inspirer une humeur guerriere par la maniere dont on les nourissoit. On leur dounoit (*h*) du lait de jument, & une espéce de moële qui se formoit dans des roseaux sur les bords du Thermodon ou du Pont Euxin. Le plûtôt qu'il étoit possible on les mettoit aux alimens communs, c'est-à-dire à la chair (*i*) des bêtes fauves, très-souvent cruë, & pour l'ordinaire cuite imparfaitement. Dès qu'on les voioit en état de suporter l'opération, on leur brûloit (*l*) la mammelle droite, ou l'on

(*h*) PHILOSTRAT. *Heroïca.* c. 19. p. 750.

(*i*) THOMAS DE PINNEDO in STEPHAN. *voce Amazones.* ex EUSTATHIO. ad PERIEG.

(*l*) HIPPOCR. *de aëre & aqua.* PTOLEM. *de Astror. judiciis.* L. 2. EUSTAT. in PERIEG. ISIDOR. *origin.* L. 9 c. 2. DIOD. L. 2. p. 128. JUSTIN. L. 2. c. 4. *& alii.*

prenoit certaines précautions violentes pour l'empêcher de croître; car on varie sur ce point. Quelques-uns prétendent (*m*) que dès l'âge de huit ans on y apliquoit un fer chaud qui desséchoit les fibres & les principes des glandes qui forment cette partie du corps en groffiffant. D'autres femblent dire que l'on attendoit le tems auquel la mammelle eft formée, & qu'alors on en faifoit l'amputation, dont l'ufage & l'expérience avoient rendu la guérifon promte & affurée. Selon d'autres (*n*) on ne mutiloit pas ainfi les jeunes Amazones; mais on leur ferroit de bonne heure le côté droit du fein, pour arrêter le cours

(*m*) Voïez PETIT. *Differt. de Amazon.* c. 22.

(*n*) ARRIAN. *de exped. Alex.* L. 7. c. 13. Voïez PETIT. *Differt. de Amazon.* c. 22.

ordinaire de la nature, & empêcher la chair de pousser au dehors, du moins avec autant de force & d'élévation.

Quoiqu'il en soit de ce point, qu'il est difficile de constater, il est certain que les Amazones n'avoient pas de mammelle au côté droit, ou que si elles en avoient, elle étoit à peine sensible. C'est de là en effet qu'est venu, selon la plus commune opinion, le nom qu'elles portoient. On s'en aperçoit dans toutes les anciennes Médailles qui nous en restent : Soit que cette partie du sein y soit à nud ou couverte, on voit qu'elle est entierement aplatie. Celle que Gronovius (*o*) raporte représente la Reine des Ama-

_____
(*o*) *Antiq. Græc.* to. 1. fol. Z zz.

zones avec le seul côté gauche découvert, tel qu'il pourroit être dans une femme qui auroit de l'embonpoint. Le droit, quoique couvert d'une draperie qui tient à la ceinture par devant & par derriere, en passant par dessus l'épaule, ne fait aucune élévation. Dans quelques Médailles (p) c'est le côté droit qui est à nud; en d'autres l'un & l'autre sont couverts. On croit cependant que le gauche seul l'étoit quand il falloit combattre.

On raporte deux raisons qui pouvoient engager les Amazones à se retrancher la mammelle droite. La plus simple & la plus générale est, qu'elles sacrifioient cette partie du

---

(p) Voïez PETIT *Dissert. de Amazon.* c. 21.

corps (*q*) pour avoir la liberté entiére de tirer de l'arc, dont le nerf ou la corde vient (*r*) jusques sur la poitrine quand on lance une fléche avec roideur. Les deux bras, sur tout le droit, ne peuvent avoir trop de jeu pour cet exercice, & il est certain qu'une femme ordinaire & puissante, quelque forte qu'elle pût

(*q*) Diod. L. 2. p. 128. Justin. L. 2. c. 4. Eustat. *ad Perieg.* Isidor. *orig.* L. 9. c. 2.

(*r*) C'est ce que Virgile exprime parfaitement en parlant du coup dont la Nymphe Opis frapa Aruns pour venger la mort de Camille. Æneid. L. XI. v. 858.

> Dixit & auratâ volucrem Threissa sagittam
> Depromit pharetra, cornuque infensa tetendit;
> Et duxit longe, donec curvata coirent
> Inter se capita, & manibus jam tangeret æquis,
> Læva aciem ferri, dextra nervoque papillam.

être, n'auroit pas la même facilité que les hommes pour décocher un trait. L'arc étoit l'arme principale des Amazones, elles le tenoient des Scythes, si habiles en ce genre, que toutes les autres Nations les redoutoient quand ils en venoient à cette maniére de combattre, de même que les Parthes, qui en étoient une Colonie, & qui lançoient une fléche aussi adroitement par derriere que devant eux. Les Amazones déterminées au métier des armes subirent volontiers cet inconvenient de douleur & de difformité, pour soutenir le genre de vie qu'elles avoient embrassé par goût & par un principe d'honneur.

Peut-être aussi avoient-elles en vûë l'idée des Naturalistes à ce sujet.

Quelques-uns (ſ) ont prétendu que c'étoit pour donner plus de force au bras droit, en y faiſant paſſer la ſubſtance & la nouriture de la partie voiſine qui étoit retranchée.

Mais cette raiſon, contraire à l'expérience, n'eſt pas mieux fondée (t) que le motif que l'on atribuë aux Amazones d'avoir eſtropié & rendu boiteux leurs enfans mâles, afin qu'ils fuſſent plus propres au mariage. C'eſt néanmoins de ce faux préjugé qu'eſt venu le proverbe (u) des Anciens. Il eſt plus vrai-

---

(ſ) HIPPOCRAT. *de aëre, loco & aqua*; GALENUS *in hunc loc.*

(t) Voïez PETIT *de Amazon.* c. 23. & le Dict. de Trévoux au mot *Boiteux.*

(u) DIODOR. L. 2. p. 128. *Claudus Veneri fortior.*

semblable que la jalousie & la crainte de retomber sous la domination des hommes étoient les principaux motifs qui engageoient à leur contourner les membres, pour les rendre incapables des exercices & des fatigues de la guerre. Par là ils étoient contraints de se borner aux fonctions domestiques, & à celles qui ne regardent que les femmes chez les autres Nations.

Il n'y a pas même d'aparence que les Amazones eussent voulu les prendre pour maris. Cette union fixe & habituelle les auroit fait retomber dans l'inconvenient du mariage, auquel elles avoient solemnellement renoncé. L'ombre de la dépendance (x) les effraïoit, & elles auroient crû

(x) Justin. L. 2. c. 4.

s'y engager en prenant un Epoux. Elles avoient eu la cruauté barbare de tremper leurs mains dans le sang de ceux qui étoient échapés au glaive de leurs ennemis. Elles ne sentoient plus que du mépris & de la haine pour les autres, & la nécessité de soutenir leur République (y) étoit le seul motif qui les portoit à s'en aprocher ; encore étoit-ce des inconnus, des étrangers, tels que le hazard les amenoit à elles dans des lieux écartés, & elles ne conservoient pour eux pas plus de sentiment ni de souvenir que l'on en voit dans les bêtes.

Cette espéce de célibat auquel elles se consacroient étoit marqué par l'atachement qu'elles avoient à

(y) Cedren. p. 127.

leur ceinture, simbole de la pudeur, & de la chasteté dans le sexe chez les Anciens, comme elle l'étoit (z) de la force, du courage & de la vertu dans les hommes. C'étoit l'usage chez les Grecs & les Asiatiques dans les tems reculés que les filles portassent une ceinture, qui désignoit leur état & les distinguoit des femmes. Homére (a) parlant de Neptune qui vouloit joüir de Tyro fille de Créthé, premier Roi

---

(z) JOB. c. 12. v. 18. *Balteum Regum dissolvit, & præcingit fune renes eorum.*

ISAIA. c. 22. v. 21. *Induam i'lum (Eliacim) tunica tua, & cingulo tuo confortabo eum, & potestatem tuam dabo in manu ejus.*

Idem. c. 11. v. 5. *Et erit justitia cingulum lumborum ejus, & fides cinctorium renum ejus.*

Vide PIERII VALERII *Hieroglifica.* L. 40. fol. 298 & 299.

(a) HOMER. ODYSS. L. 11.

d'Iolq en Thessalie, dit qu'il dénoüa sa ceinture virginale. Théocrite (*b*) raporte la même chose au sujet d'Europe. Phyllis (*c*) se servoit de cette expression couverte pour faire connoître la foiblesse qu'elle avoit euë pour Démophon, qui lui promettoit de l'épouser & de s'en retourner aussi-tôt. Cette ceinture (*d*) étoit faite de laine de brebis. La maniére dont on la serroit se nommoit le nœud d'Hercule. Le mari la défaisoit dans le lit le premier

(*b*) THEOCR. Idyll. 19.

(*c*) OVID. *Epist. Phyllis Demophonti.*

Cui mea virginitas avibus libata sinistris ;
Castaque fallaci Zona recincta manu.

On peut voir à ce sujet les doctes remarques de M. de MEZIRIAC sur la même Lettre.

(*d*) FESTUS *de Nuptiis.*

mier soir des nôces, d'où l'on tiroit le présage qu'il auroit une posterité nombreuse, comme Hercule, qui laissa soixante & dix enfans lorsqu'il mourut. Le lendemain des nôces, ou quelquefois après les premieres couches (*e*) on portoit cette ceinture dans un Temple de Diane, à qui on la rendoit, parce qu'elle ne convenoit plus à une femme. On la nommoit communément *Ceste*, ce qui fit donner le nom odieux (*f*)

(*e*) SUIDAS *voce* ζώνα APOLLON. RHOD. *Argon*. I.

(*f*) C'est sur cela que roule l'Antithese de SENEQUE dans son Hippolyte, *Act*. IV. *Scen*. I. ou Phedre parle ainsi :

. . . Morere, si casta es viro : si incesta amori.

Juvenilque castus crimine incesta jacet.

d'*Inceste* aux mariages ou aux conjonctions qui n'étoient pas légitimes. Il est fixé aujourd'hui à celles qui violent la Loi du sang. Enfin c'est de là que sont venuës les fables des Poëtes sur le Ceste fameux de Junon, & sur celui de Venus, à qui ils atachoient (*g*) le pouvoir de donner de l'amour & de charmer les cœurs. Ils ajouterent que Cupidon son fils le vola pour lui gagner des Sujets. Or la preuve que les Amazones n'avoient point de commerce avec ces boiteux qu'elles gardoient dans leur République, c'est qu'elles ne quittoient jamais le ceste ou la ceinture de virginité. Les plus zélées d'entr'elles s'y consa-

---

(*g*) Lisez le discours de Junon & de Venus dans Homere. ILIAD. L. XIV. v. 190.-221.

croient pour toute leur vie; & les autres ne se relâchoient que pour le bien & la conservation du Roïaume qu'elles avoient formé. Mais dès qu'elles avoient conçu, elles renonçoient au commerce des hommes, & cette espece de célibat les mettoit en droit de porter toujours la ceinture qui lui étoit propre. L'atachement inviolable qu'elles y avoient fut connu jusques dans la Grece. C'est ce qui donna lieu à Euryſtée Roi de Mycènes de prescrire (*h*) à son frere Hercule, qu'il vouloit perdre en l'exposant aux plus grands périls, d'aller enlever la ceinture de la Reine des Amazones. Alcide l'aporta contre

(*h*) APOLLODOR. *Biblioth.* L. 2. DIOD. L. 4. p. 221. & *seq.*

toute espérance, & ce fut le neuviéme de ses fameux travaux, que nous verrons dans les Guerres que les Amazones eurent à soutenir.

Fin de la premiere Partie.

TABLE
DES CHAPITRES

Contenus dans la premiere Partie de l'Histoire des Amazones.

Préface Historique, page   j.

CHAP. I. *Du Nom & de l'Existence des Amazones*,   I.

CHAP. II. *De l'Origine, du tems & des Mœurs des Amazones*,   67.

Fin de la Table.

Tom. I.

www.ingramcontent.com/pod-product-compliance
Lightning Source LLC
Chambersburg PA
CBHW050321170426
43200CB00009BA/1413